図解でよくわかる!

新NISAがすべてわかる本

NISA芸人 トミィ 著

ご利用前に必ずお読みください

本書に掲載されている説明を運用して得られた結果について、筆者および株式会社ソーテック社は一切責任を負いません。個人の責任の範囲内にて実行してください。
本書の内容によって生じた損害および本書の内容に基づく運用の結果生じた損害について、筆者および株式会社ソーテック社は一切責任を負いませんので、あらかじめご了承ください。特に、購入例や参考画像として紹介している商品は説明のための例示であり、特許・意匠権に侵害している可能性があります。購入の際は必ず事前に確認し、自己責任でご購入ください。
本書の制作にあたり正確な記述に努めていますが、内容に誤りや不正確な記述がある場合も、筆者および株式会社ソーテック社は一切責任を負いません。
本書の内容は執筆時点においての情報であり、予告なく内容が変更されることがあります。また、環境によっては本書どおりに動作および実施できない場合がありますので、ご了承ください。

はじめに

初めまして！ トミィと申します。X（Twitter）で主にNISAや米国株のことを発信しており、お陰様でフォロワーは現在5万人強になりました。

2022年11月に自身初のNISA本を出版したのですが、その年の12月にNISAの改正発表がありました。2024年からはその改正発表された新NISAがスタートしています。本書は、前著とはまったく違った内容になっています。

NISAはこれまでたびたび改正を繰り返してきましたが、今回の改正は大改正と呼ぶべきものです。制度の恒久化を含む大幅な改良があり、今まで「つみたてNISA」をほったらかしていた人たちも、考えることが増えるようになりそうです。これをきっかけとして、投資の面白さの勉強や新しい道が開けるかもしれません。そのような方達に、少しでもお届けできるようにこの本を書きました。

本書は会話と豊富な図解で、初心者にもわかりやすい内容にすることにつとめています。登場人物は指南役の筆者と、世代別に生徒役が3人います。20代、30～40代、50代の生徒役のキャラクターを通じて、自分に適した資産運用の考え方を身につけてください。

NISA本によくある制度説明だけでなく、制度の裏技や注意点も解説しています。

適切な投資の方法は人によってさまざまです。置かれた環境は人によって異なるので、できるだけ状況に応じた投資方法をわかりやすく説明しています。今後の投資人生の参考にしていただければ幸いです。

新しいNISAに向けて新情報が頻繁に発表されています。2023年後半から2024年初めだけでも次ページの表のような発表・修正がありました。本書は、できるだけ最新の情報を反映していますが、発刊後も

時系列	発表	内容
2022年12月	金融庁	新NISAの概要発表
2023年6月	楽天証券	クレカ積立の還元率を上昇（0.2%から0.5%へ）
	野村アセット	低コストインデックス「はじめてのNISA」投信を発売
2023年8月	三菱UFJ	eMaxisSlimに新シリーズ「米国株式」を発売発表
2023年9月	SBI証券	国内株式手数料無料に、米国株式はNISA口座のみ手数料無料
	楽天証券	SBIに追従、手数料無料化
2023年10月	楽天投信	楽天オルカン、楽天S&P500投信を発表、信託報酬はeMaxis Slimと同等
	楽天証券	投資信託保有ポイントプログラムの復活（楽天オルカ、楽天S&P500のみ）
	ニッセイ	最安信託報酬　ニッセイ・S米国株式500を発売
	大和証券	NASDAQ100、FANG＋投信をつみたて投資枠で購入可能に
2023年11月	金融庁	クレカ積み立ての上限を5万円からつみたて投資枠上限の10万円に拡大を提案（各社対応を検討）
	楽天投信	楽天オルカン、楽天S&P500の信託報酬引き下げ
	楽天証券	米国株リアルタイム為替取引手数料を25銭から3銭へ引き下げ
2023年12月	SBI証券	米国株リアルタイム為替手数料を無料に。すぐに楽天証券、松井証券が追従して為替手数料を無料に
2024年1月	金融庁	クレカ積み立ての上限10万円について「3月中を目指す」と金融担当相が明言（SBI証券、マネックス証券は法令の改正を待って対応予定）

新NISAの制度変更や新商品追加などがありえます。ぜひ、NISAの最新情報をニュースなどでご確認ください。

それでは、皆様の投資人生に少しでもお役に立てれば幸いです。

2024年2月

NISA芸人　トミィ

登場人物

本書では先生役をつとめます。皆さんの疑問に答えます。
20代、40代、50代の生徒に対して、世代にあった投資方法を教えていきます。

トミィ先生

20代女性

就職したばかりの独身。貯金もほとんどないが、お金を増やすことには興味あり。投資は未経験。投資に大きな関心を持っている。

40代主婦

投資初心者。投資に回せるお金を工面するところから考える必要がある。毎月1万円のつみたてが精一杯。去年はつみたてNISAをはじめて見た。老後資金のことが気になるも、子育てや教育費などで、投資に回す余裕がない。投資資金の作り方に関心がある。優待や配当株にも興味あり。

50代男性

サラリーマン。管理職になって余裕資金を投資に回している。旧NISAでは一般NISA、ジュニアNISAで投資。特定口座でも運用しており、すでに余裕資金は投資済み。新NISAではどのように戦略を立てるか検討中。投資資金には余裕がある一方で、老後までの時間が短いため、リスクを取った積極的な運用をしたい。

CONTENTS

第2章 資産運用と長期投資の基本を学ぼう 37

第3章 NISAをはじめてみよう 53

第5章 NISAでの投資戦略を考えよう 131

新NISAの概要と注意点

2024年から始まった新しいNISA（新NISA）の概要について解説します。旧NISAをどうしたらいいかや、NISAの注意点なども解説します。

NISAってなに？

NISAは、株式や投資信託の取引で得た利益に対してかかる税金が非課税になる制度です。イギリスのISA（Individual Savings Account：個人貯蓄口座）をモデルとして日本版ISAの**NISA**（**少額投資非課税制度**）が作られました。

通常、売却益や配当金が出た場合、**約20%**が課税されます。しかし、NISA制度を利用すれば、非課税になります。

序章でも触れましたが、NISA自体は2014年からスタートし、2016年にジュニアNISA、2018年につみたてNISAがスタート、そして2024年に新NISAとして生まれ変わりました。

従来のNISAでは投資開始時期と終了時期に制限があったのですが、新NISAでは開始時期も運用期間も制限がなくなったため、年代による不公平感が無くなりました。ライフスタイルに合わせて、いつ始めても、いつ取り崩しても良いように、大きく変更されました。

生涯投資上限額が**1,800万円**になったところから、**少額投資**非課税制度ではなくなった印象さえあります。

1-1-1　NISA制度の流れ

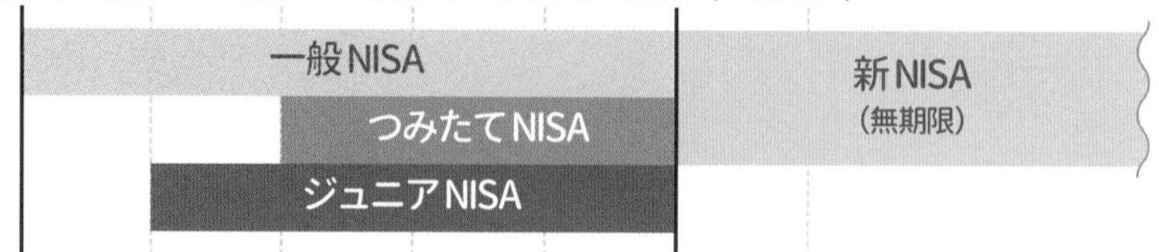

新NISAの概要

新NISAの概要は次の通りです。

1-1-2　新NISAの概要

	つみたて投資枠	成長投資枠
併用可能	併用可能	
1年間の投資可能額	120万円	240万円
非課税額期間	無制限	
生涯可能投資額	**1,800万円**	
		内1,200万円
新規投資できる期間	無制限	
売却時	**翌年に枠が復活**	
対象年齢	18歳以上	
投資できる金融商品	低コストの投資信託（指定インデックス227本、それ以外46本、ETF8本※）	日本株、米国株、投資信託、ETF、REITなど（レバレッジ・毎月分配型を除く）

※　2024年1月30日時点

投資額について

新NISAの1年間の投資可能金額は、「つみたて投資枠」が年間120万円（月10万円）、成長投資枠が年間240万円（月20万円）です。

- つみたて投資枠　**120万円**（月10万円）
- 成長投資枠　**240万円**（月20万円）

生涯に使える非課税保有限度枠（生涯可能投資額）は1,800万円です。

生涯可能投資額とは？

1,800万円のうち、成長投資枠は最大1,200万円までです。一方、つみたて投資枠で1,800万円全額使うこともできます。

1-1-3　新NISAの生涯可能投資額

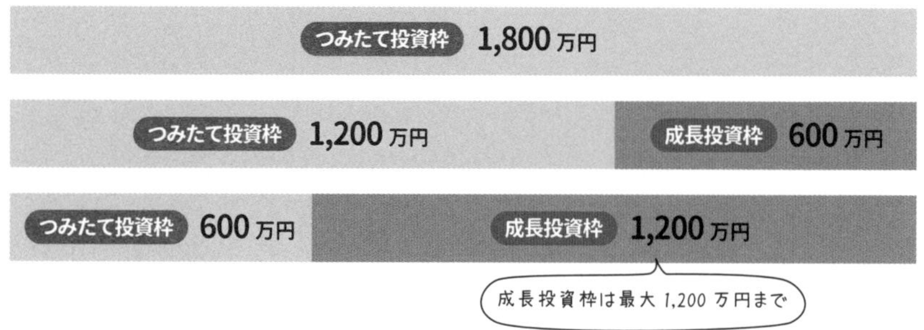

売却分は翌年に復活

新NISAの1,800万円の枠を使い切った場合、枠内で投資した投資商品を売却すると、投資元本分（簿価）の枠が翌年復活します。NISA枠で100万円投資した商品が150万円になった場合、この150万円分を売却すると翌年に100万円分ふたたびNISAで投資できます。

復活するのは**最初に投資した額**で、増えた金額ではないことに注意してください。また、復活するのは**生涯投資枠**で、**年間投資枠の上限は増えない**ことにも注意が必要です。翌年に年間枠（360万円）を超えた投資はできません。

1-1-4 新NISAの枠の復活

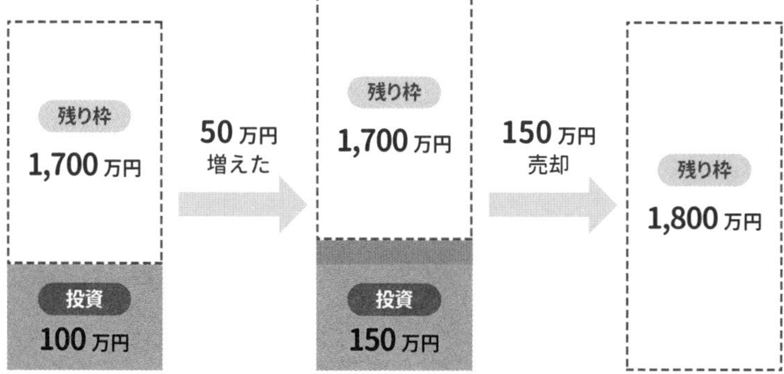

非課税で投資できる期間は無期限

いつ開始しても生涯投資総額は変わらず、枠内で投資したものはいつまでも非課税です。

非課税は一生涯で、その年の1月1日時点で18歳以上であれば、新NISAを利用できます。

NISAは定期的に見直しが入っており、2024年にスタートした新NISAも今後変更になる可能性があります。

特に、今回の新NISAの詳細が決まる際に検討項目だった次の事項に関しては、今後見直し（追加）があるのではないかと予想しています。

スイッチング可能に？

現在iDeCoや確定拠出年金で可能なスイッチングが、新NISAではできません。**スイッチング**とは、所有している投資商品を利確せずに違う投資商品に変更できる制度です。

スイッチングができると、年代や環境に応じて簡単にリスクを変更する事が可能です。「売って買い直す」と利益分は買い直せないことになり、投資資金が減ってしまいます。ぜひ今後NISAに実装してほしい制度です。

未成年に対する対応

2023年までは、子供の教育資金等を目的にした「**ジュニアNISA**」がありました。しかし、18歳までの資金拘束などもあり人気が高まらず、使いたいときに使えない不便性もあり、廃止されてしまいました。

新NISAで未成年への対応に期待が集まったものの、新NISAは18歳以上が対象になっています。今後、未成年への対応が期待されています。

クレジットカードでの投資上限の引き上げ

新NISAでは、**クレジットカードでの投資上限が現状は月5万円**です。

一方で、金融庁は上限額を5万円から10万円に引き上げる内閣府令の改正を進めており、2024年1月に金融担当相は「3月中にも公布・施行できるように準備を進めたい」と答えました。既にSBI証券、マネックス証券は上限10万円まで引き上げると検討しており、対応が待たれます。

クレジットカード投資のメリットの1つは、投資分にポイントが付くことです。制度の変更と、各証券会社の対応が待たれます。

新NISAのことが少しずつ理解できてきました。「つみたて投資枠」、「成長投資枠」の詳細も教えてください。

ではまず「つみたて投資枠」を見ていこう！

つみたて投資枠とは？

長期・積立・分散に適した投資信託を購入可能

新NISAの**つみたて投資枠**では、長期・積立・分散に適している**厳選された投資信託**を積み立てで買い付けできます。

新NISAの生涯投資可能額は1,800万円です。成長投資枠は最大1,200万円ですが、これを使わない場合は**生涯投資可能枠をすべて**つみたて投資枠として使うことが可能です（成長投資枠を限度額いっぱい使った場合は、つみたて投資枠は600万円まで）。

1年で投資できる金額の**上限は120万円**で、売却はいつでも可能です。買い付けは毎月の積み立てのほか、ボーナス設定も可能です。

1-2-1　つみたて投資枠の概要

投資方法	1年間で投資できる額	生涯可能投資金額（最大）	投資できる金融商品
毎月の積立方式（ボーナス設定も可能）	120万円	1,800万円※	低コストの投資信託 指定インデックス227本、それ以外46本、ETF8本

※　成長投資枠と併用。成長投資枠を上限1,200万円まで使った場合は600万円

例えば、つみたて投資枠としてすべてを使う場合、次のような使い方が想定できます。

- 月3万円、年間36万円の投資の場合、50年
- 月5万円、年間60万円の投資の場合、30年
- 月10万円、年間120万円の投資の場合、15年

毎月10万円、年間120万円の上限いっぱいを使っても、1,800万円の枠を**使い切るのに15年**かかるわけです。

投資方法は、毎月の積立投資にボーナスを設定することもできます。例えば、毎月5万円の積み立てに加えて、ボーナス月にプラス5万円ずつ、計10万円を加えて年間70万円投資する、といったことも可能です。

- 毎月5万円＋ボーナス2回（5万円×2＝10万円）＝年間70万円

つみたて投資枠で購入できる投資信託の数

投資できる商品は、**低コストの投資信託**に限られており、現時点（2024年1月）の時点で281本です。

- 指定インデックス　227本
- 指定インデックス以外（アクティブ投信等）　46本
- ETF　8本

「**指定インデックス**」とは、金融庁が指定した要件を満たしたインデックス（指数）です。

指定インデックスの要件はまず、信託報酬（税抜）が日本は0.5%以下、海外は0.75%以下のものです。記事執筆時点の指定インデックスは次のとおりです。

日　本	TOPIX、日経225、JPX日経400、MSCI Japan Index
全世界	MSCI ACWI Index、FTSE Global All Cap Index
先進国	FTSE Developed Index、FTSE Developed All Cap Index、S&P500、CRSP U.S. Total Market Index、MSCI World Index、MSCI World IMI Index
新興国	MSCI Emerging Markets Index、FTSE Emerging Index、FTSE RAFI Emerging Index

指定インデックス以外の商品には、次のような要件があります。

❶ 純資産額が、50億円以上
❷ 信託設定以降、5年以上経過
❸ 信託報酬（税抜）：日本（1%以下）、海外（1.5%以下）

新NISAのスタートに合わせて多くの投資信託が対象に加わりました。記事執筆時点で、つみたて投資枠で投資できる商品を次ページの表に示します。

2023年までは「つみたてNISA」をやってましたが、投資商品が増えたようですね。これだけ投資する種類が多いと、何を買えば良いか迷います。

投資商品は人それぞれ、状況によって変わるので、4章で紹介します！　それではさらに投資商品が多い「成長投資枠」を見てみよう！

1-2-2 つみたて投資枠で投資できる商品（281本）

商品	国内外	カテゴリ	本数	信託報酬レンジ	コメント（最安ファンド等）
指定インデックス（227本）	国内	TOPIX	16本	0.1133%～0.55%	SBI・iシェアーズ・TOPIXインデックス・ファンド
		日経平均	23本	0.1133%～0.55%	SBI・iシェアーズ・日経225インデックス・ファンド
		JPX日経	5本	0.2145%～0.44%	iFree JPX日経400、ニッセイJPX日経400
	海外	全世界	19本	0.0561%～0.66%	楽天・オールカントリー株式インデックス・ファンド
		先進国	22本	0.088%～0.66%	楽天・先進国株式インデックス・ファンド
		S&P500	16本	0.077%～0.495%	楽天・S&P500インデックス・ファンド
		全米株式	3本	0.0806%～0.162%	PayPay投資信託インデックスアメリカ株式
		新興国株式	14本	0.1518%～0.66%	eMAXIS Slim 新興国株式インデックス
	バランス型	国内	4本	0.209%～0.418%	2～3指数分散
		海外	105本	0.05775%～0.825%	2～10指数分散
指定インデックス以外（アクティブ投信等）（46本）	国内	株式・公社債	8本	0.693%～1.1%	ひふみ投信等
	海外	株式	22本	0.192%～1.65%	NASDAQ100、FANG+等
		株式・公社債	16本	0.55%～1.639%	フィデリティ米国優良株ファンド 等
ETF	国内	株式	3本	0.066%～0.198%	iFree TOPIX、日経225、JPX
	海外	株式	5本	0.066%～0.264%	全世界、先進国、S&P500、新興国

参照：金融庁HP　https://www.fsa.go.jp/policy/nisa2/products/
詳細は4章に掲載

成長投資枠とは？

成長を見込める金融商品へ投資

成長投資枠は、つみたて投資枠よりも積極的に成長を見込める金融商品に投資できる非課税枠です。投資信託のほか、国内・海外の個別株式やETFの買付もできます。

ただし、高レバレッジ型の投資信託・信託期間20年未満の投資信託・毎月分配型の投資信託は除外されます。

NISAの生涯投資可能額1,800万円のうち**1,200万円**を上限として買い付けが可能です。年間の**上限は240万円**と**「つみたて投資枠」の2倍**になります。

一括での買付や積み立ても利用できて自由度が高めです。

年間最大の240万円投資した場合、5年間で成長投資枠を使い切れます。

つみたて投資枠で買える投資信託は、成長投資枠でも買えます。つみたて投資枠は年間120万円が上限ですが、成長投資枠240万円とあわせて、年間360万円を同じ投資信託の購入に当てることも可能です。

1-3-1　成長投資枠の概要

投資方法	1年間で投資できる額	生涯可能投資金額	投資できる金融商品
一括購入・積立購入	240万円	1,200万円	日本株、米国株、投資信託、ETF、REITなど

前述のように、つみたて投資枠を最速で使い切るには15年必要ですが、成長投資枠とあわせて年間360万円使えば、5年で1,800万円の枠を使い切ることが可能です。

- 月10万円、年間120万円の投資の場合、15年
  （すべてをつみたて投資枠で使う場合）
- 月30万円、年間360万円の投資の場合、5年
  （つみたて投資枠と成長投資枠を併用した場合）

投資戦略に関しては5章で詳しく解説します。ここでは簡単に、成長投資枠で購入できる商品を説明します。

日本株（日本ETF）

日本の株式市場に上場している個別株はもちろん、上場投資信託（ETF）も購入可能です。ETFはインデックスETFやアクティブETFと**約300銘柄**から選ぶことができます。

日本株の購入単位は100株からで、投資にはまとまった資金が必要です。しかし、大手ネット証券では1株からNISA口座で購入可能になりました（単元未満株）。1年間の成長投資枠が240万円であるため、100株だと買えない銘柄もあります。そのため、1株から購入できるのは大きなメリットです。

定期的に購入することで長期で100株にするのもいいでしょう。もちろん、1株でも配当金がもらえます。なお、株主優待がある銘柄の場合、100株以上保有が条件という銘柄もあるので注意してください。

米国株（米国ETF）

成長投資枠では米国株への投資も可能です。購入できる銘柄は証券会社によって違いますが、メジャーな銘柄はほとんど購入可能です。

米国株は1株から購入できることが特徴です。

NISAでは配当金にも税金がかかりませんが、米国株や米国ETFの配当には米国で徴収される税金が10%かかります。課税口座での投資の場合、米国と日本で2重課税になるケースでは確定申告で取り戻すことができるのですが、NISA口座は2重課税にならないため取り戻すことはできません。

投資信託

成長投資枠で購入できる投資信託は約1,800種類です。つみたて投資枠で購入できる商品も購入できます。

成長投資枠ではより積極的な運用を目指すための、アクティブ投資も可能です。ただし、レバレッジ商品は除外されています。

1-3-2　成長投資枠で投資できる商品

カテゴリ	本数	コメント
日本株	約3,900銘柄	100株からの購入。ただし、単元未満株で購入できる証券会社もあり。SBIでは約3500銘柄が単元未満株で購入可能。楽天では約1600銘柄。
国内ETF	約300本	上場投資信託のため、リアルタイムの取引が可能。
米国株	約4,700銘柄	1株から購入可能。配当金にかかる米国で源泉徴収される税金が還付されないことに注意が必要。
海外ETF	約280本	1株から購入可能。分配金にかかる米国で源泉徴収される税金が還付されないことに注意が必要。
投資信託	約1,800本	100円から購入可能。

※2024年1月時点　出典：投資信託協会（https://www.toushin.or.jp/static/NISA_growth_productsList/）
詳細は4章に掲載

成長枠は投資可能金額も大きくて種類も多いので、名前の通り成長する株に投資して、大きくお金を増やしたいです。

そうですね。その点に関しても、別の章で選択肢を紹介します。

04

これまでのNISAと新しいNISA

去年からつみたてNISAをしていたのですが、どう変わのでしょうか。今の口座はそのままでいいのかなど、疑問がたくさんあります。

私はいままで一般NISAをやってきたのですが、これまでのNISAでは積立投資と一般投資は併用できませんでした。新NISAではどうなのでしょうか。

そうですね。それでは、まず違いを説明いたします。大きく変わった点は次のとおりです。

投資額も投資期間も変わった新NISA

2024年1月からNISAが大幅に変わりました。

ここではこれまでのNISAを知っている人や、従来のNISAで運用している人に、どのような変更があったのか解説します。

❶投資額が大幅に増えた

従来のNISAには年間の投資金額は少ないが長期間利用できる「**つみたてNISA**」と、投資期間は短いが年間の投資金額が大きい「**一般NISA**」がありました。

つみたてNISAは年間40万円、20年間で800万円利用できました。一般

NISAは年間120万円、5年間で600万円利用できました。

一方、新しいNISAは「つみたて投資枠」と「成長投資枠」の併用になりました。投資金額もつみたて投資枠が年間120万円、成長投資枠が年間240万円で合計年間360万円となり、期間は恒久化されて保有限度枠が**1,800万円**と大きく増えました。

1-4-1　旧NISAと新NISAの投資枠の違い

❷積立投資と一般投資が両方同時にできる

従来のNISAでは「積立投資」と「一般投資」の選択式でした。積立投資と一般投資を併用してNISAを運用することはできなかったのです。

しかし、新しいNISAでは両方同時に行えるようになります。名前は「つみたて投資枠」・「成長投資枠」に変わります。

❸始める時期、終わる時期に制限がない

従来のNISAには利用期間に制限がありました。そのため、先行者メリットがありました。

一方、新しいNISAは制度が恒久化されました。そのためいつから始めても、非課税期間に制限はなく、よりライフスタイルに応じた、柔軟な投資が可能になります。

1-4-2　旧NISAと新NISAの投資期間の違い

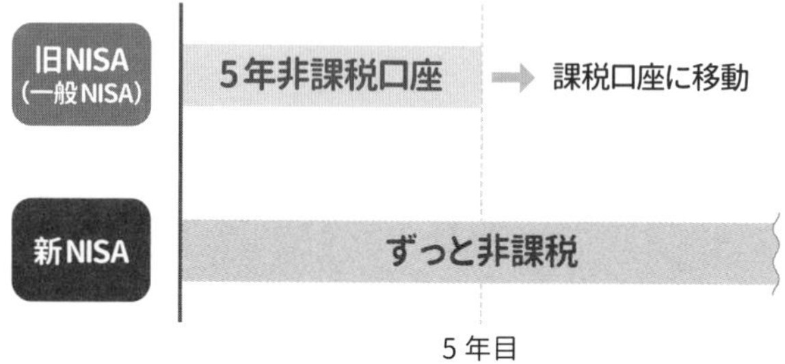

❹生涯投資枠が決まっていて、売却時は枠が復活する

新しいNISAは恒久化されて期間は決まっていませんが、年間投資額と全体の金額（生涯投資枠）が決まっています。この生涯投資枠は、枠を使って投資した金融商品を売却すると、その分翌年に枠が復活します。

ライフスタイルで発生するイベントに応じて、今まで投資していたNISAを売却しても、翌年には枠が復活するわけです。これまでのNISAよりも使いやすく設計されています。

1-4-3　新NISAでは生涯投資枠が翌年復活する

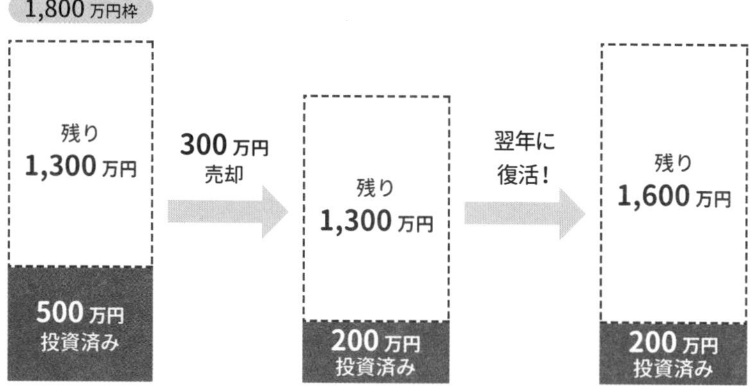

新旧NISAの違いを次の表にまとめました。

1-4-4 NISA新旧比較

	旧NISA		新NISA	
	つみたてNISA	一般NISA	つみたて投資枠	成長投資枠
併用可能	選択式		併用可能 ❷	
1年間で投資できる額 ❶	40万円	120万円	120万円	240万円
非課税額で運用できる期間	20年間	5年間	無制限 ❸	
生涯可能投資金額	800万円	600万円	1,800万円	内1,200万円
新規投資できる期間	2023年まで		無制限 ❸	
売却時	枠は復活しない		翌年に枠が復活 ❹	
対象年齢	18歳以上		18歳以上	
投資できる金融商品	低コストの投資信託、ETF	日本株、米国株、投資信託、ETF、REITなど	低コストの投資信託（指定インデックス227本、それ以外46本、ETF8本※）	日本株、米国株、投資信託、ETF、REITなど（レバレッジ・毎月分配型を除く）

※　2024年1月30日時点

05 旧NISAはどうすればいいの？

ところで、去年買った**つみたてNISA**はどうすれば良いのでしょうか？

私も、**一般NISA**と**ジュニアNISA**で去年まで購入した商品があるので、今後どうした方がいいか知りたいです。

新NISAの**生涯投資枠1,800万円とはまったく別に**なるので、一般NISA・つみたてNISAともに、**そのままで放置**で運用できます。

旧NISA枠の口座はそのままでいい

従来のNISA（つみたてNISA、一般NISA、ジュニアNISA）と、新しいNISAの生涯投資枠1,800万円は別枠です。そのため、過去にNISA枠で投資した口座はそのままで問題ありません。

なお、新NISAの新規投資枠で、従来のNISAから証券会社を変更することは可能ですが、今までの**旧NISAで投資した金融商品を別の証券会社へ移管することはできません**。そのまま**現行の証券会社**で非課税期間の最大まで運用してください。

では、お金が必要になった場合はどうすればいいでしょうか。

結論から言うと、新NISAで投資したものから売却するのが正解です。なぜなら、旧NISA投資分は、売却したらその枠がなくなってしまいますが、新NISAでは翌年から投資枠が復活します。**旧NISAを売却するのは、最後の手段**にしてください。

また、一般NISAやジュニアNISAにあった**ロールオーバーは無くなります**。非課税期間が終了したら、自動的に課税口座に移管されます。売却後、**新NISAで買い直すことでロールオーバーに近いことができます**。

ロールオーバーとは

ロールオーバーとは、非課税期間終了後に同じ非課税枠を使って増えていても引き継ぐことができる仕組みです。

例えば、一般NISAで120万円分投資した金融商品が、5年後に200万円になっていたとします。その120万円の枠を使って200万円すべてを非課税で延長することをロールオーバーと呼びます。

新NISAの「成長投資枠」は年間240万円（つみたて投資枠も入れると360万円）なので、5年後に一般NISA投資分の120万円が360万円以上になっていない場合は、売却して書い直しても同じことになります。本来、少ない非課税枠を超えて延長できるのがメリットだったのですが、新NISAで枠が大幅に増えたため、ロールオーバー自体ほぼ意味がないものになってしまいました。

1-5-1　**従来のNISA制度とロールオーバー**

	つみたてNISA	一般NISA	ジュニアNISA
非課税期間	20年	5年	5年もしくは18歳までの長い方
年間投資額	40万円	120万円	80万円
非課税期間終了時	課税口座へ移動		
終了時のロールオーバー	できなくなったが、売却後に新NISAの枠（360万円）で書い直すことで同じ結果になる（360万円まで増えていない場合）		

NISAの注意点

NISAを利用上での注意点や気をつける点などはありますか？

ここでまとめも含めていくつか注意点と心構えをあげてみます。案外見逃していたこともあると思いますので、確認してみてください。

専業主婦がいる家庭で夫婦でNISA枠いっぱい投資すると脱税になる恐れがある

配偶者が専業主婦の場合、年間110万円を超える額を配偶者に渡すと、贈与税がかかります。

家計収入が夫の収入のみである場合、妻のNISA枠360万円を夫の収入から出して投資すると贈与することになり、贈与税が25万円かかります。

運用益よりも贈与税が多いと意味がありません。家族の枠は最大限に使った方が良いですが、贈与税のかからない範囲で行いましょう。

NISA枠を売却しても年間投資可能額は増えない

今回のNISAの目玉は売却しても枠が復活することです。そのため、住宅資金や各種イベントで売却することも考慮し、柔軟な活用法が可能になりました。

ただし、**復活した枠はすぐに使えるわけではありません**。生涯投資可能額が復活するのみで、**年間投資可能額の360万円は増えません**。

言い換えると、年間可能投資額いっぱいまで使う人がこのメリットを受けることができるのは、NISA利用最終年と言うことだけを念頭におきましょう。

成長投資枠で年初に一括投資はしない

NISAで一番大事なことは、大きく利益を出すことよりも**損を出さないこと**です。右肩上がりのインデックス投資であれば、早い段階での一括投資が利益を最大化させます。

一方で、購入後に万が一値が下がってしまったときに、損失に耐えられるでしょうか。狼狽売りをしないでしょうか。

一括投資を行うのは、1年目に十分に利益が乗った場合の2年目からでも遅くはありません。また、年の途中で素晴らしい投資信託が発売されたり、投資戦略が変わったりすることもありえます。クレジットカード積立の上限が変わったり、ポイントの還元率が変わる可能性も大いにあります。

柔軟に対応できるのは、一括投資ではなく積立投資です。長い投資人生、慌てて大きな利益を狙わないように心がけましょう。

毎月積積立投資と年初一括投資のどちらがいいかについては、163ページでも解説します。

無理して最短で埋めようとしない

NISAの生涯1,800万円の枠ですが、すべて埋めることができる人はほんの一握りです。早く埋めた方が複利の恩恵を受けやすいことと、長期保有した方がマイナスになるリスクを低減できるため、本書では「できるだけ早くNISA枠を埋める」という方針でいくつか記事を紹介しました。

しかし、株価は常に上昇するものではありません。上昇と下落を続けながら、長期で右肩上がりになります。5年で埋めても、10年で埋めても長い人生の中では誤差の範囲です。さらに、NISA枠を埋め切ることができなくても問題はありません。自己投資や必要な別のことにお金を使うことも大事にしましょう。

損失が出たときの損益通算ができない

NISAで投資した商品で利益が出ても利益とみなされないため、税金を払う必要はありません。しかし逆に、**損失が出た場合も損失としての計上ができません**。

株の利益は「分離課税」で、通常の所得とは分けて計算されます。通常は売買益や分配金の約20%を税金として支払うわけですが、損失が出た場合は一年間の利益と損失を通算させて、支払う税金を計算します。これを**損益通算**と呼びます。

特定口座の源泉徴収ありの口座の場合、損益通算は自動的に計算されます。しかし、NISA口座の場合は損益通算の対象ではなく、NISA口座で買った商品がマイナスになっても利益と相殺できません。

NISAでは損失を出さないことが何よりも重要です。

非課税投資ができるNISA制度にもこのような落とし穴があります。よく確認して、上手く利用しましょう。

NISAで資産運用を始めよう！

世代ごとに異なる投資戦略

このように、新しくなって自由度が増した新NISAを利用して、資産運用を始めましょう。恒久制度化し、運用できる金額も大幅に増えたので、将来を見据えて資産運用をしたい人は、NISAを利用しない手はありません。

収入は少ないけれど投資期間が長く積立投資の高いリターンが期待できる新社会人などの若い世代。

子どもの学資や老後資金など、将来お金が必要になるのがわかっているけれど、投資に回せる資金が少ない現役子育て世代。

投資経験があり資金力もあるけれど、残り投資期間が短いミドルシニア世代。

それぞれの立場から、2024年から変わったNISAを、資産運用でどのように活用していけば良いかをこれから解説していきます。

新NISAは生涯投資枠も拡大し、老後資金のための資産運用には十分な制度になりました。世代ごとに適した投資戦略について解説していきます。

Column つみたて投資枠 vs 成長投資枠

新NISAでは「つみたて投資枠」と「成長投資枠」の2つがありますが、買う場合と売る場合、どちらを優先するべきでしょうか。

まず結論として、同じ銘柄が両方にある場合は買うときは「つみたて投資枠」優先、売るときは「成長投資枠優先」にしましょう。

例えば、年間240万円（月20万円）投資する場合、「成長投資枠」を優先に使ってしまうと5年で成長投資枠を使ってしまい。その後は年間120万円のつみたて投資枠しか使えないため、NISAの生涯投資1,800万円を埋めるのに10年かかります。

「つみたて投資枠」から使うと成長投資枠はつみたて投資枠としても使えるため、枠を均等に割り振ることで7年半でNISA枠を埋めることができます。

年間120万円（月10万円）以下で投資をする場合は、優先順位は関係ありません。ただし、その場合でも将来の切り崩しを想定して、つみたて投資枠と成長投資枠を使い分けることもできます。例えば、月10万円の投資資金がある場合は次のように投資するのはいかがでしょうか。

❶10万円をすべてつみたて投資枠でインデックス投資する
（ほったらかしで投資のことを考えたくない人向け）

❷5万円をつみたて投資枠でインデックス投資する
残り5万円も成長投資枠でインデックス投資する。将来、家の頭金や家族イベントで切り崩す（将来切り崩す可能性がある人向け）

❸5万円をつみたて投資枠でインデックス投資する
残り5万円＋臨時収入は成長投資枠で個別株投資または成長投信・高配当投信する（投資を楽しみたい人向け）

ほとんどの人は❶❷で問題ありません。❸は、投資の勉強をしながら、今後の人生に投資というアクセントを持つことができるので、挑戦してみることをお勧めします。

資産運用と長期投資の基本を学ぼう

NISAを利用する前に、マネーリテラシーを高めるための勉強をしましょう。資産運用や投資の基本を学ぶことで、投資に対する不安感も解消できます。

01

老後に必要なお金について考えよう

少し前に「老後資金2,000万円問題」が話題になりました。でも独身だったり、夫婦だったりと、人によって状況は違うと思いますが……

必要な額は人により異なります。老後資金問題の考え方は「年金だけでは資金が足りなくなる恐れがあるので準備しておこう」というものです。

老後資金2,000万円の根拠

老後2,000万円問題が話題になったのが2019年6月です。総務省の「家計調査」によるシミュレーションの結果、老後の無職夫婦2人の年金収入が20万円、毎月の支出が25.5万円と想定し、65歳から30年間年金をもらうことを想定すると、**毎月5.5万円の赤字で30年間で約2,000万円必要**というものでした。

報告書の数値はあくまでも平均値であり、すべての人に当てはまるわけではありません。ただし、老後資金として、一つの目安になることは間違い無いでしょう。また、今20歳の人は65歳まで45年もあるため、インフレによる物価上昇を考えると、今の2,000万円は同じ価値ではない可能性もあります。

新NISAの限度額1,800万円を目安に

今回の新しいNISA制度の生涯投資枠が1,800万円であることを考えると、**65歳までに1,800万円の枠を埋めていくこと**が1つの目安になることでしょう。

また、それを達成するためには、無駄な出費を抑えて、投資や貯蓄に回していく必要があります。次のグラフは日本、米国、欧州それぞれの家計の金融資産の割合を示したものですが、米国の現預金が12.6%なのに比べて、日本では54.2%と半分以上が現預金です。

新NISAは「**貯蓄から投資へ**」を後押しするための大きな一歩になります。ここで投資の勉強をはじめて一歩でも前に進んでみましょう。

2-1-1　金融資産合計に占める割合（%）

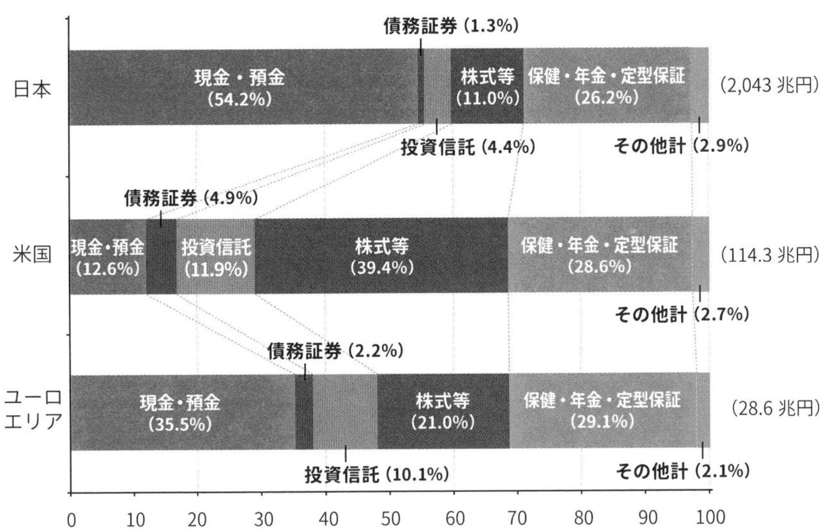

日本銀行調査統計局　資金循環の日米欧比較 2023年8月25日（https://www.boj.or.jp/statistics/sj/index.htm）

02

投資資金のつくりかたは？

手取りの1割を投資に

投資をはじめるにはまず、投資する資金をつくることが必要です。

現在投資資金がない場合は、毎月一定の金額を給料から投資に回し、その残りで生活するように心掛けましょう。最低でも**手取り給料の10%以上を投資に回す**のをおすすめします。

新NISAは一度使った投資枠も、売却すれば翌年に復活します。新NISAの非課税限度額1,800万円は一生涯使って埋めることができます。預金口座の代わりに利用してみてください。

投資資金の捻出方法

ここでは、毎月の投資金額を捻出するのが難しい人のために、固定費を削減する方法をいくつか提案します。

携帯電話の見直し

携帯電話大手の3大キャリアを使っている人は、格安SIMに乗り換えることを検討してください。現在では解約金が廃止になるなど、乗り換えも容易です。毎月1万円以上携帯電話に使っている人は、場合によっては**毎月5,000円程度**の節約になるはずです。

保険の見直し

生命保険は住宅費、教育費、老後生活資金に並ぶ人生の四大支出といわれています。年間保険料は平均で37万円とも言われ、50年で1,800万円に及びます。

保険料を最適化することで、生涯数百万円の節約が可能です。現在かけている保険が本当に必要かどうか、一度考えてみましょう。

判断材料として、まずこれだけの保証が既に用意されていることを理解しましょう。そのうえで必要な保険を検討してみてください。

高額療養費制度（健康保険）

医療費が高額になった場合、自己負担を超えた分を払い戻してくれる制度です。支払い上限は収入によって変わりますが月**約9万円程度**、付加給付で2万5千円程度になる場合もあるので、自身が加入する健康保険組合に確認してください。

傷病手当（健康保険）

業務外の病気やケガで仕事ができない場合は、傷病手当金を受け取ることができます。**金額は給料の約3分の2**です。1年6カ月受け取ることができます。

遺族年金（厚生年金、国民年金）

遺族年金は、厚生年金・国民年金の被保険者が亡くなった場合に配偶者がもらえる年金です。国民年金から支払われる遺族基礎年金は「子のある配偶者」のみで、子供２人の場合で**月額10万円程度**です。厚生年金からは、亡くなった人の厚生年金の4分の3が遺族厚生年金として支払われます。目安として、年収が600万円の場合は**月額4万円程度**です。さらに、40歳以上で子供がいない妻に対して、65歳まで**月額5万円**の加算額が支払われます。

障害年金（厚生年金・国民年金）

障害年金は、病気やケガによって生活や仕事が制限された場合に支給される年金です。障害1級で**月額16万円程度**です。

団体信用生命保険

住宅ローン返済中に契約者が死亡した場合、団体信用生命保険から保険金が支払われ、**ローンが完済**になるのが一般的です。

2-2-1　**保険商品に頼らなくても受けられる保証**

	制度	保証元	内容	保証金額例
医療保険	高額療養費制度	健康保険	高額医療費に対して還付金を受けられる	自己負担月額最大9万円程度。組合によっては2万5千円になる場合も
	傷病手当金	健康保険	ケガで仕事ができない場合に給付。最大1年6カ月	給料の3分の2
	出産手当金	健康保険	出産前後の働けない期間に給付金を受ける	給料の3分の2
	障害年金	厚生年金 国民年金	障害の状態になった場合に支払われる年金	障害1級で約月16万円
死亡保証	遺族年金	厚生年金 国民年金	死亡した場合、残された妻・子供に支払われる年金	子供二人の場合、月14万円程度
	住宅ローン	団体信用生命保険	住宅ローン返済の免除	残りの住宅ローンが完済になる

これらを踏まえると、過度の保険に頼る必要はなく、必要最低限にすることができそうです。保険は掛け捨てにし、貯蓄型の保険をやめると、相当分を投資資金に回せます。

Column 国が用意する免税制度

国が提供している制度を使うことで、さらなる投資資金の捻出ができます。NISAを含め、簡単に個人が利用できる制度を説明します。

＊ NISA

毎年360万円、トータル1,800万円まで購入した金融商品から得られる利益に対して、税金がかからない制度です。利益に対して支払う約20%の**税金が免除**されます。

＊ iDeCo（イデコ）

個人型確定拠出年金のことで、自分用の年金を作る制度です。受け取りは原則60歳以降になりますが、運用益に税金がかからない上に、毎月の**積立金額が所得税控除の対象**になります。

＊ 医療費控除

年間に支払った医療費のトータルが10万円を超えた場合、確定申告することで還付を受けることができます。

10万円は医療費のみならず、歯の矯正、インプラント費用、不妊治療、さらには**通院のために使った交通費**も含めることができ、意外に還付対象になっている場合があります。ぜひ確認してください。

＊ ふるさと納税

応援したい自治体に寄付をすると還付を受けられる制度です。寄付額の30%以内の**返礼品**がもらえ、2,000円を超える**寄付額について還付**されます。上限額は年収や家族構成で変わるので、ふるさと納税サイトで調べましょう。ワンストップ特例制度を使うことで確定申告しなくても、翌年6月以降に支払う住民税から自動的に控除されます。

なお、医療費控除等で確定申告する場合は、ふるさと納税のワンストップ特例制度は使えません。確定申告で寄附金控除を受けてください。その際は所得税と住民税に分けて還付されます。

ふるさと納税サイトではXML形式でファイルをダウンロードできる場合もあり、確定申告の際に利用できます。

03

長期投資最大のメリット「複利の力」

利益が利益を生む

長期投資を行うことで「**複利の力**」を利用できます。複利の力とは「**利益が利益を生む**」ということです。

金利には「**単利**」と「**複利**」があります。

単利は「**元本にだけ利子が付く**」ことです。単利の代表例は銀行預金などが挙げられます。

複利は「**元本についた利子（利益）に対してもさらに利子が付く**」ことです。多くの投資信託などは、生じた配当金などの利益を自動的に再投資します。

次の表は元金1,000万円を年利5%で運用した場合、単利と複利で30年後にどれだけ差がでるかを示したものです。

2-3-1　**単利（銀行の定期預金など）元金1,000万円 年利5%**
常に1,000万円に5%の利子

年利5%	1年目	2年目	3年目	4年目	5年目	…	30年目
利息	50万円	50万円	50万円	50万円	50万円	…	50万円
累計利息	50万円	100万円	150万円	200万円	250万円		1,500万円
計	1,050万円	1,100万円	1,150万円	1,200万円	1,250万円		2,500万円

2-3-2　複利（株や投資信託など）元金1,000万円 年利5%
1年目は1,000万円に5%の利子、2年目は1,050万円に5%の利子

年利5%	1年目	2年目	3年目	4年目	5年目	…	30年目
利息	50万円	53万円	55万円	58万円	61万円	…	206万円
累計利息	50万円	103万円	158万円	216万円	276万円		3,322万円
計	1,050万円	1,103万円	1,158万円	1,216万円	1,276万円		4,322万円

2-3-3　30年後には単利と複利では大きな差が出る

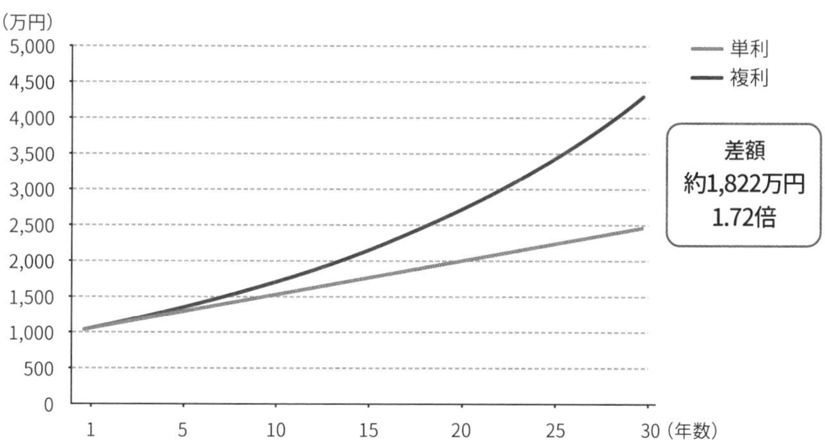

単利は毎年50万円が加算されていきます。一方複利の場合は、二年目は元本1,000万円に利息の50万円を加算した1,050万円に5%の利息が付きます。その形で運用を続けると、30年後には**約1.72倍**の差が生まれます。長期投資になればなるほどその差は広がっていきます。

複利は長期投資で最大の効果を発揮します。

「ドルコスト平均法」で価格変動リスクを低減

購入価格を平準化できる

「**ドルコスト平均法**」は、毎月定額積立投資を行うことで、投資商品の購入価格の平準化を狙うものです。一括投資の場合、購入直後に価格が下落する「高値掴み」をしてしまうリスクがどうしても生じます。購入直後に価格が下落すると投資マインドに悪影響を及ぼし、場合によっては狼狽売り（価格が下がったことに動揺して損切すること）してしまうこともあります。

ドルコスト平均法を実施すれば、価格変動のリスクを抑えられます。毎月の投資金額が一定であれば、投資する商品の価格が**下がると多く購入**し、**上がると少なく購入**することになります。投資信託の場合は、金額ベースで購入ができますので、ドルコスト平均法での購入に最適です。

ドルコスト平均法による**「購入価格の平準化」**の例をみてみましょう。毎月1万円投資した場合の投資信託の基準価額の変動が下記の場合、購入口数が変動します。

	1カ月	2カ月	3カ月	4カ月	5カ月	6カ月
基準価額	10,000円	12,000円	10,000円	8,000円	6,000円	10,000円
購入口数	1.0口	0.8口	1.0口	1.3口	1.7口	1.0口

2-4-1　月に1万円投資した場合の基準価額と購入口数

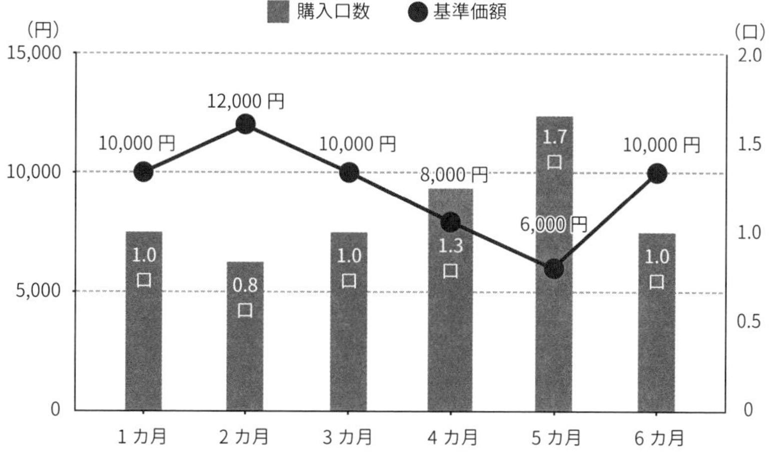

投資金額が1万円x6カ月で**6万円**に対し、購入口数は総計6.8口、評価額は6.8x1万円で**6.8万円**と増えていることがわかります。このように毎月同じ金額で投資することで、長期的に価格変動リスクを抑えることができていることが分かると思います。

長期間、積立投資をしていると、暴落局面に出会うことは少なくありません。短期売買をしていると暴落時は焦りますが、積立投資の場合はむしろ買い時と感じるはずです。

「分散投資」で投資リスクを低減

全世界株式で地域分散

投資先を分散させることで、資産運用にともなう価格変動リスクを回避することができます。これが「**分散投資**」です。

インデックス投資は市場の値動きを示す**指数**（**インデックス**）に連動する投資手法です。インデックス投資を行えば、市場を構成する複数の銘柄に広範囲に分散する投資ができます。インデックス投資については第4章で詳しく解説しますが、代表的な例として日本株では「日経225」、米国株では「S&P500」などがあります。また「全世界株式」では投資先を全世界に分散させることができます。

次のグラフは「eMAXIS Slim 全世界株式」の投資先の構成比率です。

2-5-1　eMAXIS Slim 全世界株式の国・地域別構成比率

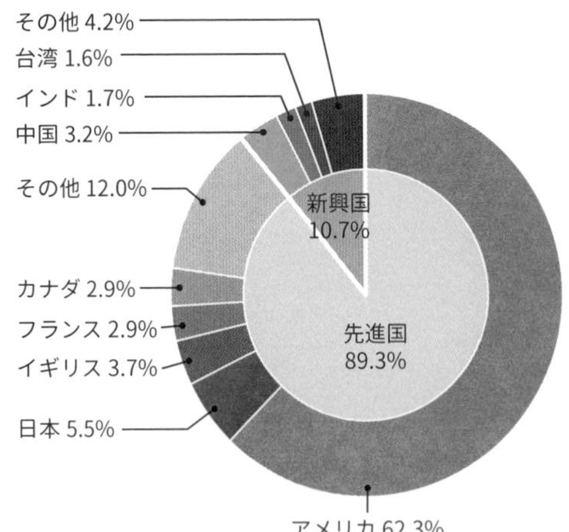

先進国・地域		(23カ国・地域)
アメリカ	オランダ	フィンランド
日本	デンマーク	ノルウェー
イギリス	スウェーデン	イスラエル
フランス	スペイン	アイルランド
カナダ	イタリア	ポルトガル
スイス	香港	ニュージーランド
ドイツ	シンガポール	オーストリア
オーストラリア	ベルギー	

新興国・地域		(24カ国・地域)
中国	インドネシア	フィリピン
インド	タイ	チリ
台湾	アラブ首長国連邦	ギリシャ
韓国	マレーシア	ペルー
ブラジル	カタール	ハンガリー
サウジアラビア	クウェート	チェコ
南アフリカ	ポーランド	コロンビア
メキシコ	トルコ	エジプト

・表示桁未満の数値がある場合、四捨五入しています。
・MSCI Inc.のデータを基に三菱UFJアセットマネジメント作成（2023年9月末現在）

多くの指数がそうですが、全世界株式は「時価総額加重平均」（株式価格ではなく、時価総額に応じて投資割合を増減させる方法）なので、米国企業への投資が多いことが分かります。

指数に連動する投資信託を利用するメリットは、経済状況の変化が起きた際に、自動的に投資信託が指数に応じたリバランス（構成銘柄の入れ替え）を行うため、投資家が自分でポートフォリオの修正をしなくてすむ点です。

バランス型投資信託で投資対象を分散

インデックス投資は投資銘柄の分散はできますが、株式投資への集中投資になってしまいます。

さらに投資対象を分散するために「バランス型投資信託」へ投資すると、一層のリスクの軽減が可能です。「株式」「債券」「不動産」への分散ができる「eMAXIS Slim バランス 8資産均等型」の構成内容をみてみましょう。

2-5-2　eMAXIS Slim バランス 8資産均等型

主要投資対象	運用目的
国内株式	東証株価指数（TOPIX）（配当込み）と連動する投資成果をめざして運用を行います。
先進国株式	MSCIコクサイ・インデックス（配当込み、円換算ベース）と連動する投資成果をめざして運用を行います。
新興国株式	MSCIエマージング・マーケット・インデックス（配当込み、円換算ベース）と連動した投資成果をめざして運用を行います。
国内債券	NOMURA-BPI総合と連動する投資成果をめざして運用を行います。
先進国債券	FTSE世界国債インデックス（除く日本、円換算ベース）と連動する投資成果をめざして運用を行います。
新興国債券	JPモルガンGBI-EMグローバル・ダイバーシファイド（円換算ベース）に連動する投資成果をめざして運用を行います。
国内不動産投資信託証券	東証REIT指数（配当込み）と連動する投資成果をめざして運用を行います。
先進国不動産投資信託証券	S&P先進国REITインデックス（除く日本、配当込み、円換算ベース）に連動する投資成果をめざして運用を行います。

また、現金を含めたトータル金融資産の中に、コモディティ（金など）を組み入れると、リスク分散を広げることが可能です。

Column 株式投資の重要な指標

＊ PER（株価収益率）

PERは、会社の利益から割安性を測る指標です。株価をEPS（1株当たり純利益）で割ることで求められます。

業種によって割安の目安は異なるため、同業種間で比較します。一般的に15倍が適正価格と言われています。

$$\text{PER（株価収益率）} = \frac{\text{株価}}{\text{EPS（1株当たり純利益）}}$$

＊ PBR（株価純資産倍率）

PBRは、会社の純資産から株価の割安性を測る指標です。株価をBPS（1株当たり純資産）で割ることで求められます。

$$\text{PBR（株価純資産倍率）} = \frac{\text{株価}}{\text{BPS（1株当たり純資産）}}$$

1倍を下回ると企業の本来の価値よりも安く取引され、割安と判断されます。

2023年3月に、多くの企業で資本収益性や成長性の観点で課題があることが、東京証券取引所から指摘されました。東証はPBR（株価純資産倍率）が低迷する上場企業に対して改善策を開示・実行するよう要請しました。「PBR1倍割れ」問題です。

次ページへつづく

「PBRが1倍を上回る」ということは、企業の資産が付加価値を生んでいるということを示しています。一方で「PBRが1を下回る」ということは、本来の企業の価値よりも株価が安いということです。PBRが1を下回る企業がPBR改善のために様々な取り組みを行うことで、株価の上昇が期待されます。

ちなみに、2023年9月に運用が始まった国内アクティブ型ETFで「PBR1倍割れ解消推進ETF」が注目を集めています。

＊ROE（自己資本利益率）とROA（純資産利益率）

ROEは、会社の経営の効率性を測る指標です。当期純利益を自資本で割ることで求めることができます。

$$\text{ROE (\%)（自己資本利益率）} = \frac{\text{純利益}}{\text{自己資本}} \times 100$$

一般的には10%を上回ると優良企業と言われています。ROEが高いほど、資本を使って効率良く稼いでいる会社だといえます。

ROAは「総資産（自己資本＋他人資本）」に対する利益率を表す指標です。

$$\text{ROA (\%)（純資産利益率）} = \frac{\text{純利益}}{\text{純資産}} \times 100$$

ROE単体だけではなくROAなどの他の指標も考慮することが必要です。

NISAをはじめてみよう

NISAをはじめるには、NISA口座を開く必要があります。さまざまな金融機関・証券会社でNISAを利用できますが、ここではネット証券を中心に解説します。

01

投資はどこでするの？

NISAのこと、投資のことが理解できました。さっそくはじめたいのですが、一歩を踏み出すのが難しいです。

投資未経験者には、大きなステップが待ってますよね。まずは、口座を作ることからです。

各業種ごとの違い

株式投資を始めるには、証券会社に口座を作る必要があります。

証券会社には店舗型証券とネット型証券（**ネット証券**）があります。またNISA対象商品は銀行や保険会社でも取り扱っています。

会社・業種によって取り扱う銘柄や最低投資額が違うので、代表例を次の表にまとめました。

3-1-1　各業種ごとのNISA取り扱い銘柄および投資額の例

	【ネット証券例】SBI証券	【店舗型証券例】野村證券	【銀行例】ゆうちょ銀行	【保険会社例】第一生命
つみたて投資枠投資商品数	211銘柄	19銘柄	15銘柄	5銘柄
最低投資額	**100円**	1,000円	1,000円	5,000円
サポート	電話・オンライン	店舗・オンライン	店舗・オンライン	店舗・オンライン

「店舗型」はサポートが充実しています。普段使っている銀行などがあれば、店舗を通じてNISAを始めることができます。

ただし、投資商品が少なかったり、最低投資額が高かったりと不便な部分も多いです。

お勧めはネット証券

そのため、これまで投資をしていない人は、開設が簡単で**100円から投資が始められるネット証券**がお勧めです。後で詳しく解説していきますが、ネット証券でしか取り扱いをしていない、信託報酬が安い投資信託商品なども増えています。

次に、どのネット証券をが良いか分析していきましょう。

ネット型証券会社はたくさんあり、それぞれ特徴があります。次節では5大ネット証券会社を中心に、いろんな項目で比較してみましょう。

02

ネット証券はどこにすればいいの？

なんとなく楽天証券を使っているんですが、他も検討したいと思ってます。比較ポイントも含めて教えてください。

まずは、大手ネット証券でよく比べられる5社について比較してみましょう！

大手ネット証券5社を比較

ここではネット証券会社の選び方を解説します。

選択の際のポイントは「投資できる商品の数」「手数料」「ポイント比較」「クレカ積み立て」などです。

ネット証券各社の得意なところは様々です。自分がどんな投資を行いたいかで証券会社を決めましょう。

正直、比較で紹介する証券会社であれば、どれを選んでも間違いはありません。比較内容を見てもよくわからないのであれば、人気がある証券会社で口座を作るのもありです。

次ページにネット証券主要5社の比較表を用意しました。

3-2-1 ネット証券会社比較表（2023年12月1日現在）

	SBI証券	楽天証券	マネックス証券	松井証券	auカブコム証券
開設口座数	1,100万口座 (2023/9)	1,000万口座 (2023/12)	224万口座 (2023/11)	148万口座 (2023/9)	162万口座 (2023/11)
NISAつみたて投資枠	211銘柄	206銘柄	202銘柄	**212銘柄**	209銘柄
投資信託	**2683銘柄**	2562銘柄	1713銘柄	1810銘柄	1727銘柄
米国株式	**約5300銘柄**	約4700銘柄	約4900銘柄	約3600銘柄	約1800銘柄
国内株手数料	**無料**	**無料**	55円〜275円 NISAでは無料	50万円まで無料 NISAでは無料	55円〜275円 NISAでは無料
米国株手数料	0.495% (最大22ドル) **NISAでは無料**	0.495% (最大22ドル) **NISAでは無料**	0.495% (最大22ドル) NISAでは買付のみ無料	0.495% (最大22ドル) **NISAでは無料**	0.495% (最大22ドル) **NISAでは無料**
単元未満株	**可**	**可**	**可**	不可	**可**
ポイント	Tポイント Vポイント Pontaポイント dポイント PayPayポイント	楽天ポイント	マネックスポイント	松井証券ポイント	Pontaポイント
ポイント交換	なし	なし	Tポイント Pontaポイント dポイント	dポイント PayPayポイント	なし
ポイント投資	国内株式 投資信託	**国内株式 米国株式 投資信託**	投資信託	投資信託	単元未満株 投資信託
為替手数料	**無料**	**無料**	円➡ドル無料 ドル➡円25銭	**無料**	20銭
モバイルアプリ	SBI証券 株 SBI証券 米国株 かんたん積立	iSPEED	マネックストレーダー株式 トレステ 米株	松井証券 株	auカブコム証券アプリ
その他コメント	銀行連携で円預金利子が0.01%	定率売却・定額売却 無料マネー本	米国株の時間外取引可能	投信保有ポイントがネット証券最大還元	auやUQモバイルユーザーには上乗せポイント

03

単元未満株ってなに？

証券会社を選択する際の1つに、単元未満株で投資するかどうかも重要になります。

投資資金が少ない私は、単元未満株で購入したいです。各社どのように違うんでしょう？

少額投資ができる単元未満株

日本株は通常100株単位（1単元）でしか買えません。

しかし証券会社によっては、1単元よりも少ない株数で買える仕組みを用意しているところがあります。これを**単元未満株**と呼びます。日本株に少額から投資できる制度です。

単元未満株は会社によって呼び名が異なり、「**S株**」「**かぶミニ**」などと呼ばれています。

次ページの表は、単元未満株を提供しているネット証券4社の比較表です。

3-3-1 証券会社別、単元未満株比較表（2023/11現在）

	SBI証券	楽天証券	マネックス証券	auカブコム証券
名称	S株	かぶミニ	ワン株	プチ株
対象銘柄	約3500銘柄	約1600銘柄（内リアルタイム746銘柄）	約2000銘柄	約3200銘柄
売買手数料	0円	0円（リアルタイム取引のみスプレッドとして0.22%）	買付：0円 売却：0.55%（NISAではキャッシュバックにより実質無料）	0.55% 積立の場合0円（NISAでは無料）
ポイント投資	可	可	不可	可
約定タイミング	1日3回	1日1回（リアルタイム）	1日1回	1日2回
前場始値 9:00	前日 13:30 - 7:00	前日 17:00 - 8:45	なし	前日 10:01 - 23:00
後場始値 12:30	7:00 - 10:30	なし	前日 17:00 - 11:30	23:01 - 10:00
後場終値 15:00	10:30 - 13:30	なし	なし	なし

単元未満株と通常の株式売買の違い

単元未満株の場合、国内上場株式と違い**リアルタイムでの取引ができません**。約定タイミングは発注した時間によって変わります。

なお、単元未満株は**配当金**をもらうことができます。

株主優待は100株以上必要な企業が多いため単元株ではもらえませんが、100株集めることで株主優待を受けることもできます。

3-3-2 約定タイミング例（SBI証券）

	0:00 – 7:00	7:00 – 10:30	10:30 – 13:30	13:30 – 24:00
東証	当日前場始値	当日後場始値	当日後場引け（終値）	翌営業日前場始値
約定タイミング	9:00 約定	12:30 約定	15:00 約定	翌 9:00 約定

(9:00　12:30　15:00)

04

証券口座でポイントが貯まる？ポイント投資も可能？

いろんなポイントが多くて分からないので、証券会社各社のポイント制度も教えてください。

証券会社を決めるうえで大事な「ポイント制度」を説明します。

クレジットカード投資で貯まるポイント

ポイント効率の良い証券会社やクレジットカード、ポイント制度を紹介します。

新しいNISAのつみたて投資枠の毎月投資の上限は10万円です。一方で、多くの証券会社でのクレジットカードを使った投資の上限は5万円になってます（ただし、今後10万円に変更予定）。

まずは、各クレジットカードによる、積立投資でのポイントの比較表を見てみます。

3-4-1 証券会社　クレカ積み立て投資比較

証券会社	カード名	年会費	ポイント還元率	年間最大ポイント
SBI証券	三井住友カードNL	無料	0.5%	3,000
	三井住友ゴールドNL	5,500円※	1%	6,000
	三井住友プラチナプリファード	33,000円	**5%**	30,000
楽天証券	楽天カード	無料	0.5%	3,000
	楽天ゴールドカード	2,200円	0.75%	4,500
	楽天プレミアムカード	11,000円	1%	6,000
マネックス証券	マネックスカード	無料	1.1%	6,600
auカブコム証券	au PAYカード	無料	1%	6,000

※　年間100万円の利用で無料

単純にポイント還元率だけをみると**SBI証券の「三井住友プラチナプリファードカード」**が一番還元率が高いことがわかります。

投資信託保有で貯まるポイント

投資信託を購入した後、保有するだけで貯まるポイントがあります。各社、保有する商品によってポイント還元率が変わるので、それぞれ比較してみましょう。

今回確認する投資信託は次の7つです。

- **バランス型**　eMAXIS Slim バランス（8資産均等型）
- **全世界**　eMAXIS Slim 全世界株式（オルカン）、楽天オルカン（楽天証券の場合）
- **S&P500**　eMAXIS Slim 米国株式（S&P500）、楽天S&P500（楽天証券の場合）
- **ナスダック100**　iFreeNEXT NASDAQ100インデックス
- **アクティブ**　ひふみプラス

3-4-2 保有するだけで貯まるポイント

証券会社	バランス型	全世界	S & P500	ナスダック100	アクティブ
SBI証券	0.05% (492)	0.0175% (168)	0.0326% (324)	0.1% (996) ※1	0.15% (1500) ※2
楽天証券	なし	0.0170% (168)	**0.0341% (336)**	なし	なし
マネックス証券	0.03% (300)	**0.0175% (180)**	0.03% (300)	0.08% (804)	0.08% (804)
松井証券	**0.055% (540)**	0.0175% (168)	0.0326% (324)	**0.215% (2148)**	**0.355% (3540)**
auカブコム証券	0.005% (48)	0.005% (48)	0.005% (48)	0.005% (48)	0.12% (1200) ※3

ポイントは2023年12月時点（年間の取得ポイント取得数の違いは月のポイントで切り上げか切り下げかの違い）
※1　1,000万円以上保有の場合0.2%
※2　1,000万円以上保有の場合0.25%
※3　100万円未満0.05%、3,000万円未満0.12%、3000万円以上0.24%

括弧内は100万円保有の場合の年間取得ポイントです。

「バランス型」「全世界」「S&P500」「ナスダック100」「アクティブ」のそれぞれで、もっとも取得ポイントが多いものに色を着けています。バランス型では松井証券、全世界ではマネックス証券、S&P500では楽天証券、ナスダック100とアクティブ（ひふみプラス）は松井証券がもっともポイントが多くつきます。

NISA口座は変更できる？

すでに旧NISAで口座を作ってますが、今年から別の証券会社に変更してNISAを始めることはできるんでしょうか？

NISA口座は一度作ったら一生証券会社を変更できないと勘違いしている人も多いですが、実際は変更可能です。

ネット証券も各社さまざまですが、比較してみると自分に合った証券会社がわかってきたかもしれません。これまでNISAを利用してきた人も、NISA口座は変更可能です。ここでは口座変更について解説します。

NISA口座の変更時期

NISA口座の変更は、過去のNISA口座で投資している商品を、新しい証券会社に移管できないものの、新しい投資に関しては年ごとに証券会社を変えることが可能です。

変更可能なタイミングは、変更したい年の前年の10月～12月です。なお、今年の枠を使用してない場合は10月まで口座変更可能です。

3-5-1　変更可能期間

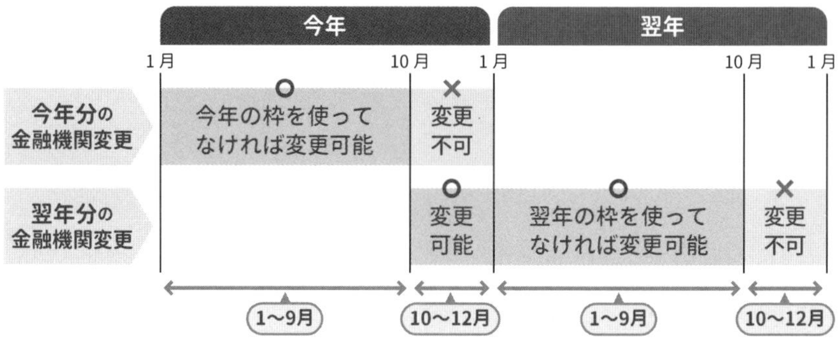

NISA口座の変更手順

NISA口座を変更する場合は、まず現在NISA口座を使用している証券会社へ廃止通知書を請求して手続きをして、その後新しくNISA口座を開設する証券会社へ申し込み手続きを行います。

参考として「楽天証券」から「SBI証券」へのNISA口座の変更を説明します。

3-5-2　NISA口座の変更手順

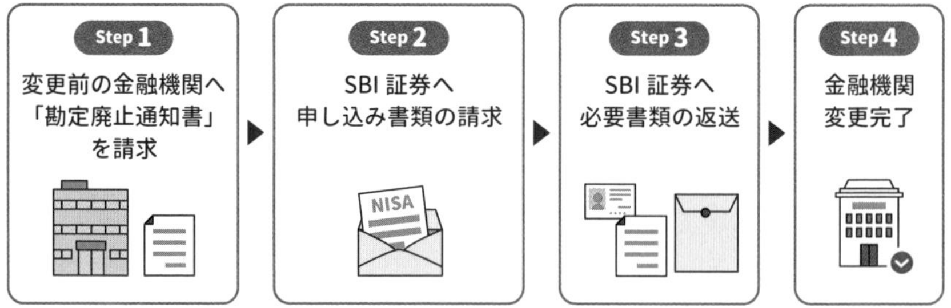

Step1　楽天証券に「勘定廃止通知書」を請求

❶楽天証券のサイト（https://www.rakuten-sec.co.jp/）でログインし、「NISA」➡「管理・手続き」へ進みます。

❷「NISA口座　各種手続き」で、金融機関変更手続き（楽天証券⇒他社）の右側の「他の金融機関へNISA口座を移す」から勘定廃止通知書を請求します。

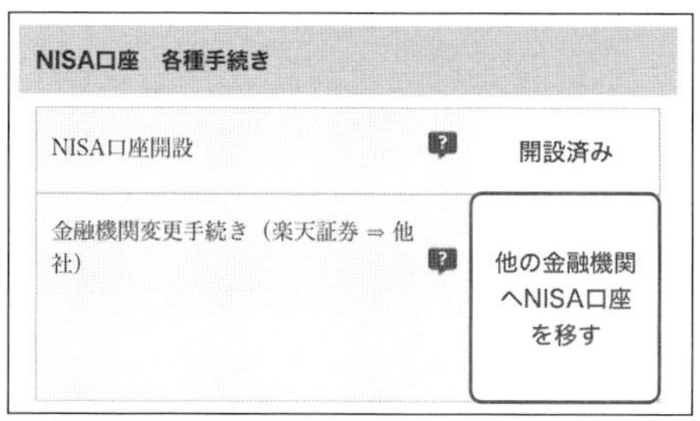

申請後、1週間程度で楽天証券から「**勘定廃止通知書**」が到着します。

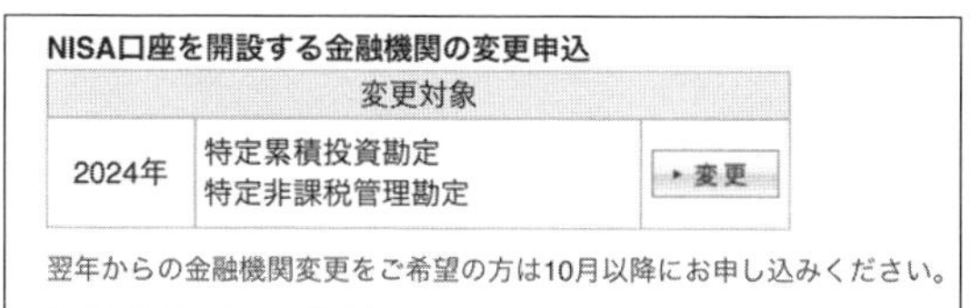

Step2　SBI証券へ申し込み書類の請求

SBI証券のサイト（https://www.sbisec.co.jp/）へアクセスしてログインし、「口座管理」➡「お客さま情報設定・変更」➡「お取引関連・口座情報」から「NISA・つみたてNISA」枠内の、「金融機関変更、再開設・勘定再設定」から**書類請求**をクリックして書類を請求します。

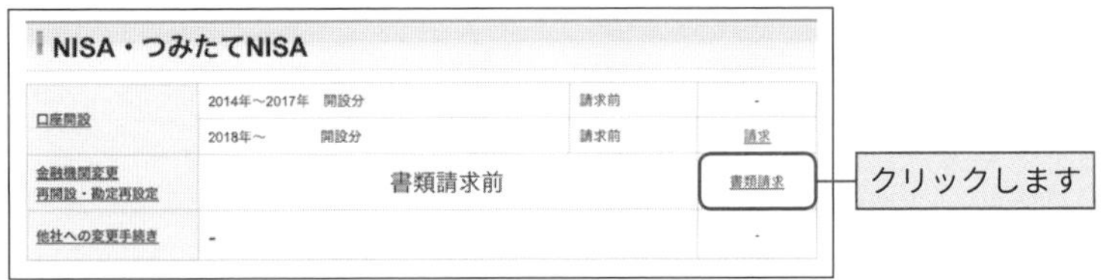

1週間以内に書類が送られてきます。

Step3　SBI証券へ必要書類を返送

SBI証券から送られてきた書類に記入のうえ、楽天証券から送られてきた「**勘定廃止通知書**」を同封して返送します。1ヶ月程度でNISA口座の変更が行われます。

なお楽天証券の場合、**金融機関変更の申込が終わった後も、その年の12月まではNISA口座での投資が可能**です。

口座を作ってみよう

証券会社の口座の種類

NISAで利用する証券会社を決めたら、口座を開設しましょう。なお、口座開設とNISAの利用は同時でなくてもいいので、取り敢えずネット証券会社の口座を開設しておいて、その後どの証券会社を利用するか決めても構いません。

証券会社で開設できる口座は次の3種類です。

- **特定口座（源泉徴収あり）**
  利益から**自動的に20.315%の税金分を証券会社が支払ってくれる**口座です

- **特定口座（源泉徴収なし）**
  税金を計算した取引報告書が証券会社から交付され、自ら確定申告を行い税金を納めます

- **一般口座**
  年間取引報告書が交付されず、自分で売買損益を計算、確定申告を行います

通常は「**特定口座（源泉徴収あり）**」を選択すると、確定申告の手間を省けます。

口座の種類が分かりました。私は証券口座を持っていないので、比較表をもとに、自分にあったSBI証券で口座を作ってみようと思います。

それではSBI証券でNISA口座を開設してみましょう。ここではスマートフォンで申し込む方法を説明します。

SBI証券での口座の開設手順

ここではネット証券会社び口座開設の例としてSBI証券での口座開設方法を紹介します。次の4ステップで口座作成を進めます。

3-6-1　SBI証券の口座の開設手順

1 口座開設申し込み

口座開設の申し込みを行います

▶

2 本人確認書類の提出

写真撮影による提出や郵送での提出など、複数の提出方法があります

▶

3 完了通知の受取

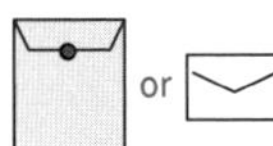

提出書類の審査が完了したら、メールか郵送で口座開設完了通知を受け取ります

▶

4 初期設定

勤務先や銀行口座の登録など、初期設定を行った後、取引開始です

❶口座開設申し込み

スマホのWebブラウザでSBI証券のモバイルサイト（https://sp.sbisec.co.jp/）にアクセスします。

❶開設スタート

「無料口座開設はこちら」から申し込みをはじめます。ボタンをタップします。

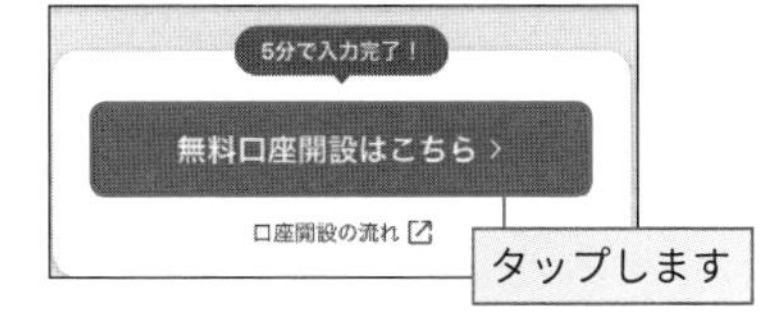

❷メールアドレス登録

メールアドレスの登録を求められます。メールアドレスを入力します。登録したメールアドレスに認証コードが送られてくるので、すぐに確認できるメールアドレスを登録しましょう。

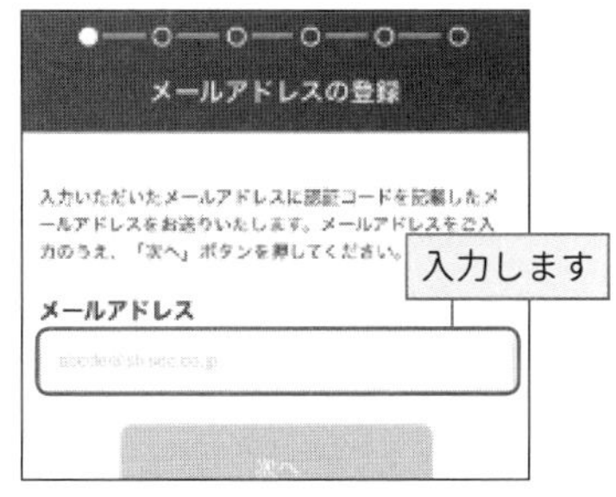

❸認証コード入力

登録メールアドレスに送られてきた認証コードを入力します。

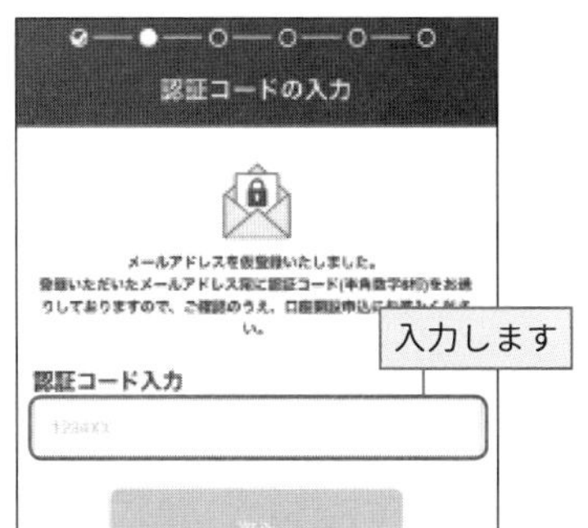

❹ お客様情報の設定

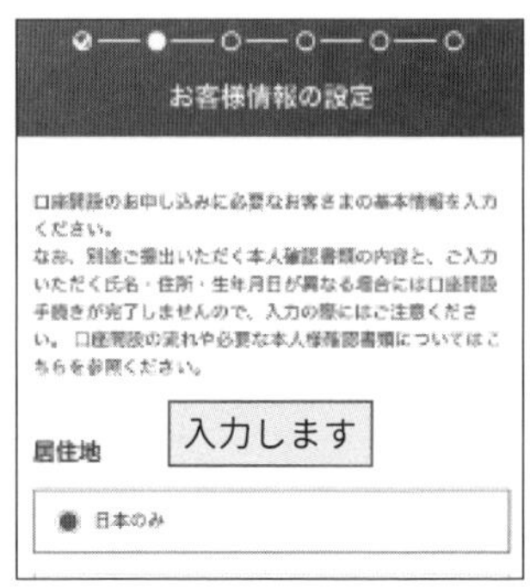

登録者の情報を入力します。画面の指示に従って、情報を入力しましょう。

「居住地」「名前」「生年月日」「性別」「電話番号」「メールアドレス」「住所」を入力します。**「特定口座」の選択は「開設する」**を選びましょう。

「NISAの選択」では「**NISAを申し込む**」を選択します（なお、ここでは申し込まずに後で申し込むことも可能です）。

「**住信SBIネット銀行**」「**SBI新生銀行**」について、申し込み設定が求められます。既に2行の口座を持っている人は必要ありません。銀行と連携することで資金移動せずに投資ができるので、どちらかには申し込むことをお勧めします。どちらが良いか分からなければ「**住信SBIネット銀行**」を選んでください。

「**SBI証券ポイントサービスの申し込み**」では、投資で獲得したポイントをどのポイントサービスにするか選択できるので、「申し込む」を選択します。「ポイント選択」で貯めるポイント（Tポイントやdポイントなど）を選択します。

❺ 規約の確認

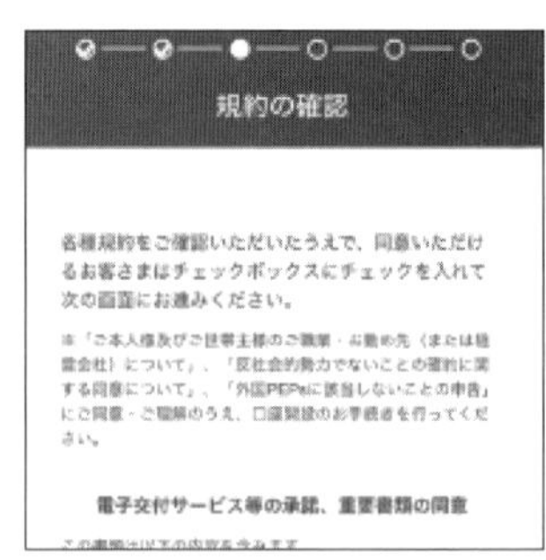

各種規約等を確認し、問題なければ「同意する」をタップします。

❻ 口座開設方法の選択

口座開設方法を選択します。ネットで口座開設を選択すると早く開設できます。

「郵送で口座開設」を選んだ場合は、口座開設の手続きに必要な書類が郵便で送られてきます。記入後、書類を返送してください

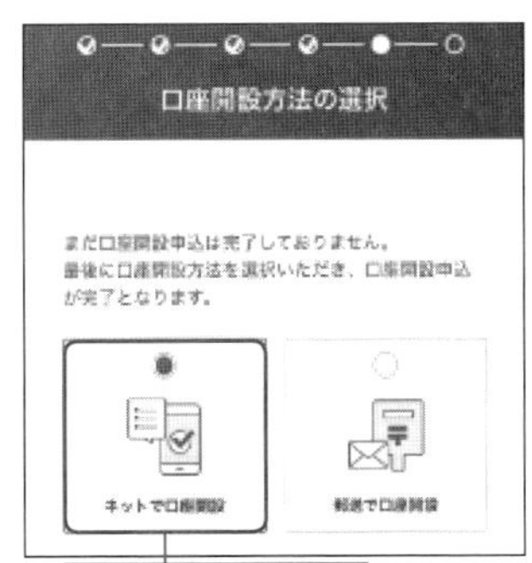

❼ 口座開設申し込みの完了

以上で口座申し込みが完了しました。

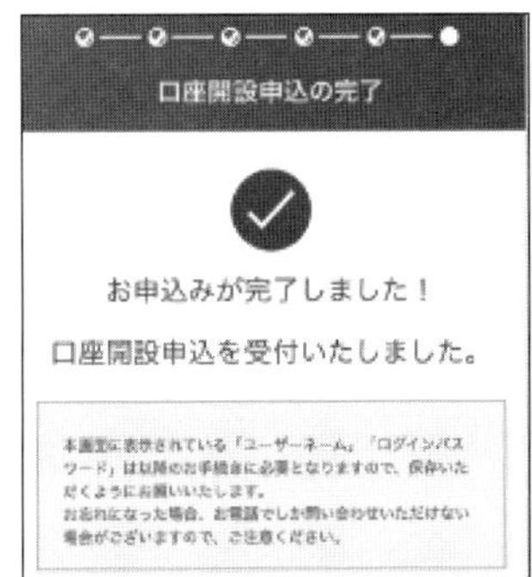

ユーザーネーム、ログインパスワードを保存しておきましょう。

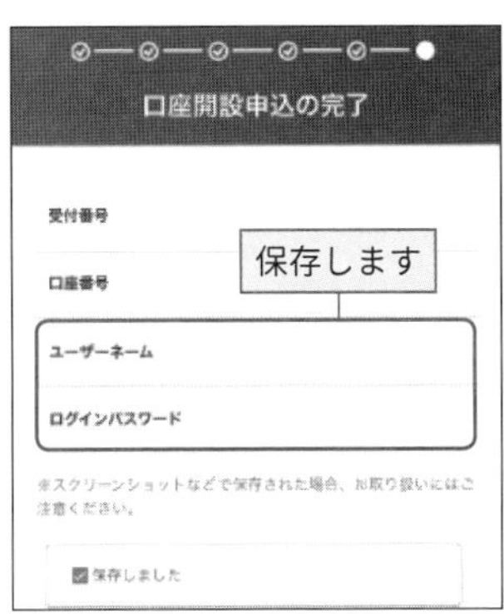

❷本人確認書類の提出

発行されたユーザーネームとログインパスワードでSBI証券のサイトにログインし、本人確認書類を提出します。必要な書類は、スマートフォンのカメラでその場で撮影して提出する場合と、それ以外（撮影済み画像の送付）の場合で異なります。

スマートフォンでその場で撮影して提出する場合

- マイナンバーカード
- 通知カード＋運転免許所

それ以外の場合

- マイナンバーカード＋本人確認書類（1種類）
- 通知カード＋本人確認書類（2種類）

「本人確認書類」とは、「運転免許証」「運転経歴証明書」「住基台帳カード」「日本国パスポート」「住民票の写し」「健康保険証」「印鑑証明書」のいずれかです。

❸完了通知の受取

提出書類の審査が完了したら、「口座開設完了通知」がメールもしくは郵送で送られてきます。

❹初期設定

本人確認書類の審査完了後、初期設定が可能です。SBI証券のサイトにログイン後、「**初期設定する**」から画面に従って手続きを行ってください。

ネット証券のスマホアプリでらくらく投資

各ネット証券の専用スマホアプリ

スマホで投資をする場合、申し込み手続き同様にWebブラウザでもできますが、ネット証券各社が用意する専用スマホアプリを利用すると便利です。専用アプリであれば最初にログイン設定を行えば次回以降は自動でログインしますし、さまざまな情報を通知する機能もあります。また、多くのスマホアプリでは、Webの設定画面にも簡単に移動できます（パソコン画面やスマホのWeb画面で設定は可能です）。

57ページでも紹介しましたが、ネット証券各社の専用スマホアプリは次のとおりです。

3-7-1 ネット証券会社のスマホアプリ（2023年12月現在）

	SBI証券	楽天証券	マネックス証券	松井証券	auカブコム証券
スマホアプリ	SBI証券 株 SBI証券 米国株 かんたん積立	iSPEED	マネックストレーダー株式 トレステ 米株	松井証券 株	auカブコム証券アプリ

ここでは、前節で紹介したSBI証券を例に、スマホアプリの設定などを紹介します。

3-7-2　SBI証券が用意するスマホアプリ

SBI証券　株	SBI証券　米国株	かんたん積立
SBI証券 株	SBI証券 米国株	SBI証券 かんたん 積立
日本株の取引ができます	米国株の取引ができます	投資信託の取引ができます
● Push通知機能でアラートサービス「約定通知」「企業情報通知」 ● 銘柄選びに重要なランキング機能 ● 決算・適時開示・速報ニュース・銘柄分析機能	● 機能性・視認性に優れたチャートで銘柄分析を強力サポート ● スクリーナーで銘柄を検索 ● 米国株式の決算速報を日本語でスピーディーに配信	● クレジットカードの登録、積立設定も簡単 ● 保有中ファンドの合計収益・残高推移が一目でわかる ● 「積立スタイル診断」

「**SBI証券　株**」と「**かんたん積立**」アプリの設定方法を紹介します。

スマホアプリからWebサイトへ簡単ログイン

スマホアプリにログインできるように設定すると、スマホアプリから証券会社のWebサイトへ簡単にログインできるようになっているものがあります。

例えば「**SBI証券　株**」の場合、アプリのメニューからサイトへのリンクをたどると、ログイン情報を入力せずに簡単にログインできます。

スマホアプリから証券会社のWebサイトへ移動するのは、スマホアプリでは設定できない項目などがあるからです。

❶ SBI証券　株アプリ

「SBI証券　株」アプリ右下の「メニュー」をタップします。

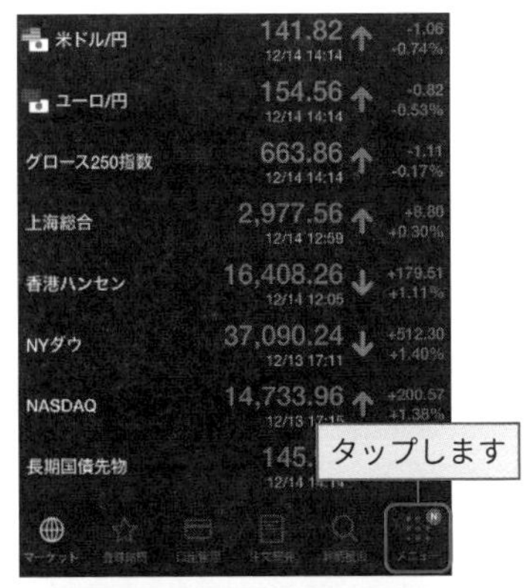

表示された画面を下にスクロールすると「サイトへ」というリンクが表示されます。リンクをタップします。

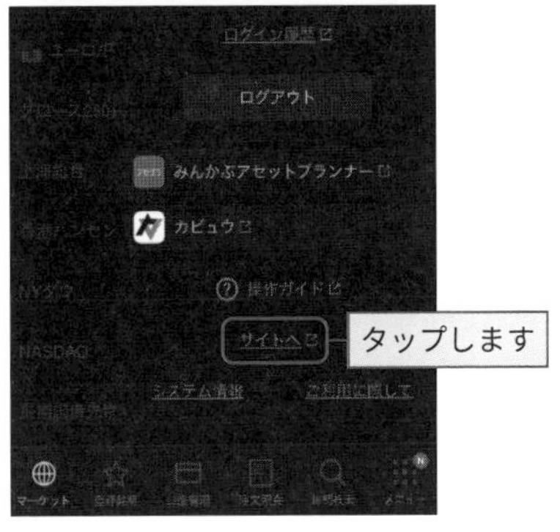

❷ スマートフォンログイン画面

スマートフォンサイトのログイン画面へ遷移します。ログイン情報の入力は不要です。

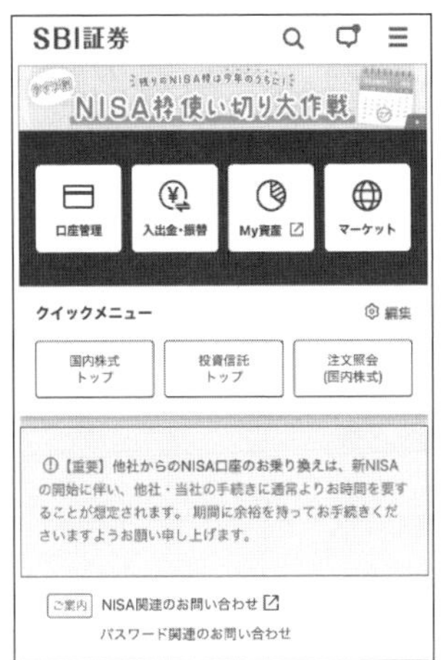

❸ PCサイトへの移動

モバイルサイトからPC（パソコン）サイトへ移動することも可能です。モバイルサイトにログインして一番下までスクロールすると、「PCサイトはこちら」というボタンが表示されます。ここからPCログイン画面へ移動できます。

クレジットカード投資でポイントが貯まる

ネット証券で投資をする際、クレジットカードで投資すると投資金額にポイントがついてお得です。ここではSBI証券を例に解説します。

SBI証券で投資信託を購入する際は「**三井住友クレジットカード**」を使うことでポイント還元を受けることができます。NISAのつみたて投資枠はクレジットカードを使って積立投資しましょう。

SBI証券で使えるクレジットカードと特徴は次の通りです。

3-7-3 SBI証券で使えるクレジットカード

	三井住友カードNL	三井住友ゴールドNL	三井住友プラチナプリファード
年会費	永年無料	5,500円※1	33,000円
基本還元率	0.5%	0.5%	1.0%
クレカ積立ポイント還元率	0.5%	1.0%	5.0%
最大月ポイント※2	250ポイント	500ポイント	2,500ポイント

※1　年間の利用金額が100万円を超えると、翌年以降の年会費が永年無料
※2　毎月の最大投資額は5万円（2024年3月以降から最大投資額が10万円になる予定）

新NISAつみたて投資枠で利用する場合は、基本的に年会費永年無料の「**三井住友カードNL**」で十分です。クレジットカード積立を含めない年間利用額が100万円を超える場合は、年会費が無料になる上に、10,000ポイントのボーナスポイントが付くので、「ゴールド」の利用がお得です。

「プラチナプリファード」の場合は、100万円で10,000ポイントに加え、200万でも10,000ポイント付くため、投資ポイントの5%および買い物時の1%を考慮すると、200万円以上を使用する場合は「プラチナプリファード」がさらにお得になります。そのうえ、新規入会の場合は入会後3ヶ月後末までに40万円以上の利用で40,000ポイントがもらえます。

なお、三井住友銀行が提供するモバイル金融サービス「Olive」も使えますが、引き落とし銀行が三井住友銀行に指定されているため、ここでは説明を割愛します。

クレジットカードが決まったら、登録を行います。積立投資なので、「**かんたん積立**」アプリで設定します。

❶ クレジットカード登録・変更

「かんたん積立」アプリを起動し、右下のメニューから「クレジットカード登録・変更」を選択します。

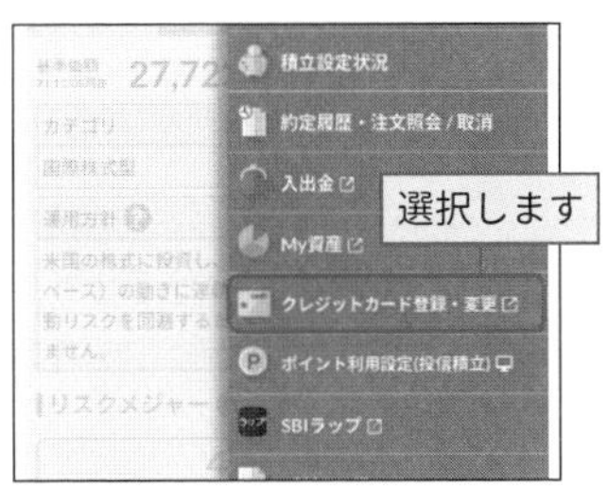

❷ クレジットカード管理

「カードを登録する」ボタンをタップし、指示に従って登録を進めます。

❸ VPASSでの同意

カード会員承認後、VPASSログイン画面で登録内容に同意します。

❹ クレカ登録確認

登録が行われたことが確認できます。

スマホアプリの積立投資の設定方法

スマホアプリで積立投資の設定も可能です。ここではSBI証券の「かんたん積立アプリ」を例に積立投資の設定方法を解説します。

❶ SBI証券の「かんたん積立」アプリの画面下のハンバーガーメニューをタップしてメニューを表示します。「ファンドランキング」や「ファンド検索」で積み立て投資をしたい商品を検索します。

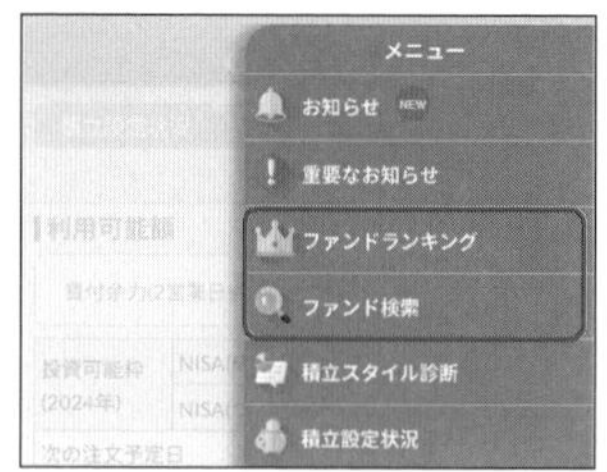

右はランキングを表示した例です。

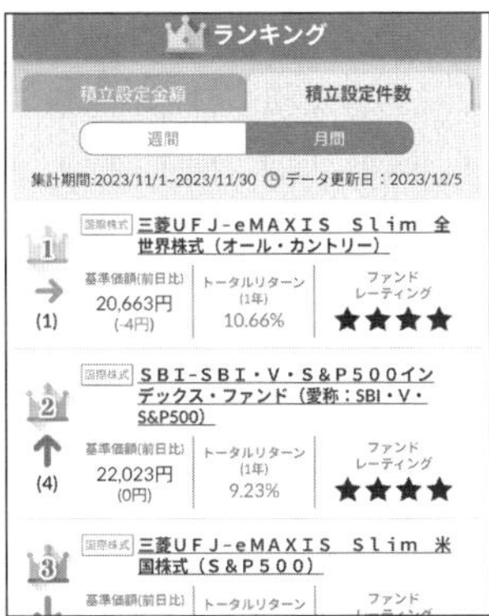

❷購入したい商品を見つけたら「積立買付」ボタンをタップします。

❸目論見書等を確認します。

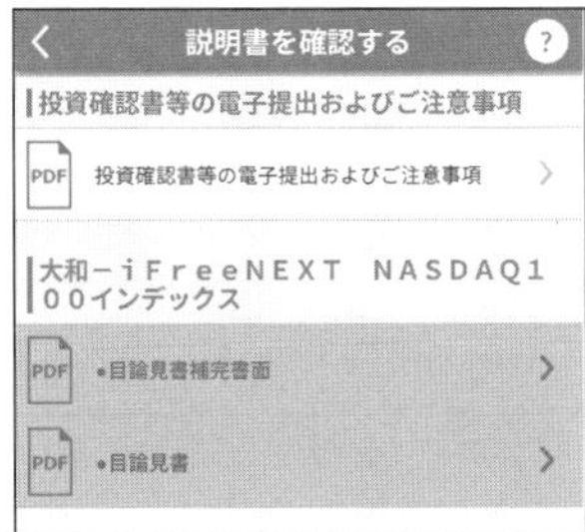

❹決済方法を「現金」「クレジットカード」から選択します。預かり区分も「特定/一般」「NISA（成長）」「NISA（つみたて）」から選択します。積立金額を入力します。

新規設定入力
三菱ＵＦＪ－ｅＭＡＸＩＳ Ｓｌｉｍ 米国株式（Ｓ＆Ｐ５００）
基準価額 24,048円 前日比(率) -7円(-0.03%)
最低申込金額 金額：100円以上1円単位 口数：1万口以上1万口単位 積立：100円以上1円単位
選択します
クレカ設定可能額：50,000円
決済方法 現金 クレジットカード
預り区分 特定/一般 旧NISA 旧つみたてNISA NISA(成長) NISA(つみたて)
選択します
コース設定
コース 毎月
申込設定日 1日
積立金額 50000 円 上限100,000円
入力します

❺設定を確認し、「設定」ボタンをタップします。

新規設定確認

設定内容

ファンド名	三菱ＵＦＪ－ｅＭＡＸＩＳ Ｓｌｉｍ 米国株式（Ｓ＆Ｐ５００）
協会コード	03311187
決済方法	クレジットカード
預り区分	NISA(つみたて)

コース設定

コース	毎月
申込設定日	1日
次の発注予定日	2024/01/04
金額	50,000円
概算手数料(税込)	0円
1ヶ月あたりの概算	50,000円
NISA枠ぎりぎり注文設定	しない

戻る　設定

❻積立設定が表示されます。

新規設定受付

下記の設定を受付いたしました。

設定内容

ファンド名	三菱ＵＦＪ－ｅＭＡＸＩＳ Ｓｌｉｍ 米国株式（Ｓ＆Ｐ５００）
協会コード	03311187
決済方法	クレジットカード
預り区分	NISA(つみたて)

コース設定

コース	毎月
申込設定日	1日
次の発注予定日	2024/01/04
金額	50,000円
概算手数料(税込)	0円
1ヶ月あたりの概算	50,000円
NISA枠ぎりぎり注文設定	しない

❼設定が完了したら、メニューの「積立設定状況」から現在の積立状況を確認できます。

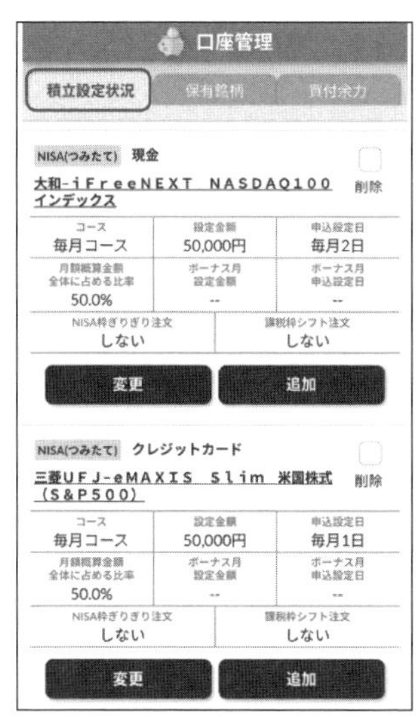

クレジットカードの積立投資には上限がある

記事執筆時点、クレジットカードの積立投資は月最大5万円の上限があります（2024年3月以降に10万円に増える予定）。つみたて投資枠で上限額を超える金額を積立投資したい場合は、前述のクレジットカード積立の設定の後に、同じ銘柄に現金で投資します。「積立設定状況」から「追加」を選択し、現金で積立投資を行います。

なお、成長投資枠で投資したい場合は、預かり区分に「NISA（成長）」を選択してください。

Column SBI証券で必ず設定しておいた方がいい内容

＊投信マイレージ設定

SBI証券で投資した金額に対して付与されるポイントを取得するには、事前にSBI証券ポイントサービスを申し込み、提携ポイントからポイント1種類を選ぶ必要があります。申し込みはPCサイトからのみ可能です。

SBI証券サイトへアクセスしてログインし、「口座管理」➡「お客さま情報　設定・変更」➡「ポイント・外部ID連携」➡「ポイントサービス詳細はこちら」をクリックします。

表示ページに「ポイントサービス」項目があり、設定されていない場合は「未設定」と表示されています。「ポイントサービス詳細はこちら」をクリックすると「**SBI証券ポイントサービス**」項目があるので「申し込む」ボタンをクリックすると申し込み画面に遷移します。利用規約に同意のうえメインポイントを選択してください。

銀行との連携

「SBI新生銀行」「住信SBIネット銀行」に口座がある場合、連携サービスを受けられます。

それぞれの銀行に関するメリットを次の表にまとめました。連携できるのはどちらか一方のみなので、十分検討しましょう。

Column1-1　銀行との連携

項目	SBI新生銀行	住信SBIネット銀行
連携サービス	SBI新生コネクト	SBIハイブリッド預金
普通預金金利	**0.1%**	0.01%
米ドル普通預金金利	**1%**	0.5%
その他	ダイヤモンドステージへ 振込手数料月50回無料、 ATM出金手数料無料	買付余力へ反映

次ページへつづく

その他に、この二行であれば日本円、米ドルのリアルタイム入金・出金を行えます。

銀行口座の連携も、Webサイトでのみ可能です。SBI証券のサイトにログインし、「口座管理」➡「お客さま情報　設定・変更」➡「お客様関連・口座情報」ページを表示します。

銀行口座に応じて、「**SBI新生銀行関連サービス**」または「**住信SBIネット銀行関連サービス**」を設定してください。

＊配当金受領サービスの設定

「**株式数比例配分方式**」を設定すると、証券口座に配当金が自動的に振り込まれます。NISAの場合はこれを設定したときのみ、配当金を非課税で受け取れるため**設定は必須**です。

これもSBI証券のサイトでのみ設定可能です。SBI証券のサイトでログインし、「口座管理」➡「お客さま情報　設定・変更」➡「お客様関連・口座情報」➡「配当金受領サービス」から変更できます。

＊米国株式の口座開設

NISAでは米国株や米国株ETFが購入できます（購入できる金融商品については第4章で解説）。そのためには米国株の口座を作る必要があります。

SBI証券のNISA口座では米国株や米国株ETFの**売買手数料が無料**で、さらに**為替手数料も無料**になります。将来の購入を考えて、米国株の口座を開設しておきましょう。

SBI証券のサイトでログインし、「口座管理」➡「お客さま情報 設定・変更」➡「お取引関連・口座情報」画面の項目「取引口座」➡「外国株式　口座開設」で口座を開設できます。

＊国内株式売買手数料無料化設定

SBI証券のNISA口座で国内株式の売買手数料を無料にするためには、次の2つの設定が必要です。

次ページへつづく

❶取引コースが「インターネットコース」になっていることを確認

「口座管理」➡「お客さま情報 設定・変更」➡「ご登録情報」➡「お客さま基本情報」内の「取引コース」が「インターネット」になっていることを確認します。

❷電子交付サービスにおける取り扱い書面の交付方法をすべて「電子交付」にする

「口座管理」➡「電子交付書面」➡「電子交付サービス（電子交付書面閲覧サービス）」で、「電子交付に変更」ボタンをクリックして変更します。

以上の設定を確認したら、次の手順で確認しましょう。

「口座管理」➡「お客さま情報 設定・変更」➡「お取引関連・口座情報」画面の項目「国内株式手数料　無料/有料」で、「無料」になっていることを確認します。

NISAで買える金融商品を知ろう

NISAで買える商品は多岐に渡ります。「つみたて投資枠」と「成長投資枠」でも買える銘柄は大きく変わります。

01

投資商品は何があるの？

「**つみたて投資枠**」では投資信託と日本ETF、「**成長投資枠**」では日本株式(ETF)、米国株式(ETF)、投資信託が購入できます。

まずは、それぞれについて確認しましょう。

投資商品にはどんなものがあるんですか？

大きくわけて**株式**と**投資信託**があります。株式は会社に直接投資するもので、投資信託は投資のプロに資金運用を任せるものです。

「**株式**」は会社に直接投資する金融商品で、投資する会社を選択して投資します。

「**投資信託**」は株式のパッケージです。投資家から資金を集めて、プロが資産運用をします。

株式や投資信託について、より詳しく解説していきましょう。

株式投資（日本株、米国株）

株式投資について解説します。株式にはざっくりと**日本株**や**米国株**などがあります。

日本株

日本株取引では、日本の株式市場に上場している会社に投資できます。**株式の購入は100株単位**で行います。

株式市場は朝9:00〜11:30を「前場」、12:30〜15:00を「後場」と呼び、その時間の中でリアルタイムで取引されます。なお、2024年11月からは後場の取引終了時間が15:30に変更になります。

証券会社によっては「**単元未満株**」を提供している場合もあります。単元未満株は1株から購入できますが、通常はリアルタイム取引ではなく、約定までタイムラグがあります。

米国株

米国株取引では、米国の株式市場に上場している会社に投資できます。日本株と違って**1株から投資できる**ため**少額からの投資**が可能です。

一方で、取引手数料は日本株より高めに設定されています。また米ドルでの購入になるため、**為替変動の影響**を受けます。

売買はリアルタイムで取引できます。取引時間は、アメリカ（東海岸）時間の9:30〜16:00で、日本市場のように昼休憩はありません。日本時間だと23:30〜翌6:00（サマータイムは22:30〜翌5:00）です。

投資信託（ファンド）

投資信託は、株式投資のパッケージです。投資家から資金を集め、プロが運用する金融商品です。

投資信託の中には「**インデックス投資**」と「**アクティブ投資**」がありま

す。

インデックス（指数）とは市場の動向などを表す指標のことです。日本であれば日経平均株価や東証株価指数（TOPIX）、米国株ではダウ平均やS&P500、ナスダックなどがあります。この指数の値動きに近づけるように運用するのがインデックス投資です。

一方で、運用のプロが指数を上回るように運用する投資が「アクティブ投資」です。アクティブ投資はプロが銘柄選定や分析を行って運用されるため、比較的手数料が高くなります。

4-1-1 **投資信託の仕組み**

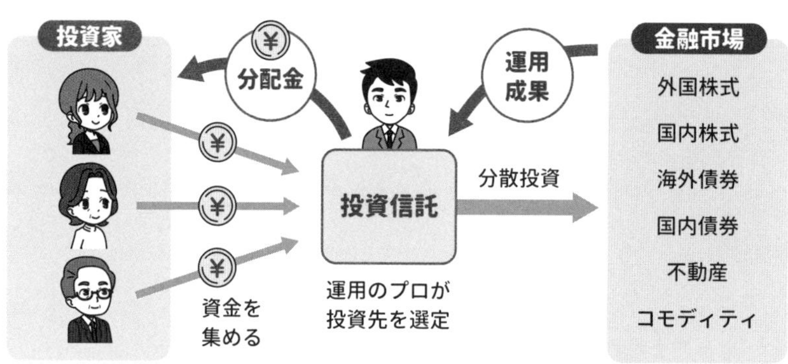

株式と投資信託の大きな違いの1つに、「少額投資に向いているか」があります。株には最少購入単位がありますが、投資信託は株と違って金額で購入できるため、少額から投資可能です。

また、投資先を複数の地域、種類に分けることもできるため、分散によりリスクを軽減できる点が投資信託を利用するメリットです。

投資信託にかかる手数料は概ね次のとおりです。

- **販売手数料**　購入時
- **信託報酬**　運用時
- **信託財産留保額**　売却時

NISAで投資信託を購入する場合は通常「販売手数料」は無料になります。手数料は運用時にかかる**「信託報酬」のみ**です。信託報酬は毎日支払い、基準価額に反映されます。

NISAの「つみたて投資枠」で購入できる投資信託は、**信託報酬の上限**が次のように決まっています。つみたて投資枠では、低コストの投資信託しか購入できません。

- **指定インデックス**　国内資産で0.55%、海外資産で0.825%
- **指定インデックス以外**　国内資産で1.1%、海外資産で1.65%

投資信託の値段は基準価額で決まっており、**1日に1回更新**されます。分配金を出す投資信託もあり、分配金の再投資を自動で行うように設定できます。

ETF（日本ETF、米国ETF）

ETF（**Exchange Traded Funds**）は金融商品取引所に上場している投資信託のことで、「**上場投資信託**」とも呼ばれます。株式と同様にリアルタイムで取引できます。投資信託は注文を出した時点では取引される価格が分からないのに対して、ETFでは自分が取引したい価格で発注・売買することが可能です。購入の際は株式と同じ買い方になるため、投資信託のように金額を指定して投資することはできません。

保有時の手数料は投資信託よりも低めです。売買手数料は株式投資と同じです。分配金を出すETFもありますが、投資信託のように自動で再投資はできません。

02

つみたて投資枠では何が買えるの？

「つみたて投資枠」で買えるのは、**長期・積立・分散に適している投資信託のみ**。多くの商品が対象なので、選択ポイントを確認しよう。

つみたて投資枠で購入できる商品

新NISAで購入できる金融商品について前節で解説しました。

新NISAには「つみたて投資枠」と「成長投資枠」があり、それぞれ購入できる金融商品が異なります。ここではつみたて投資枠で購入できる金融商品について解説します。

2024年1月30日時点、**つみたて投資枠**で購入できる商品は次のとおりです。

- **指定インデックス投資信託　227本**
  - 国内インデックス投資信託　44本
  - 海外インデックス投資信託　74本
  - バランス型投資信託　109本
- **指定以外のインデックス投信やアクティブ投信　46本**

「**指定インデックス投資信託**」とは、政令の要件を満たすインデックス投資信託のことです。指定されたインデックス（指数）と連動し、定められた手数料以下などの条件を満たしたインデックス投資信託です。

「**指定以外のインデックス投信**」や「**アクティブ投信**」とは、指定インデックス投信以外で、定量的な実績が認められる一部の投資信託のことです。

投資信託を選択する際のポイントは「信託報酬」「純資産総額」「パフォーマンス・リスク・リターンのバランス」です。

信託報酬が安い

長期運用の場合、信託報酬が大きくパフォーマンスに影響します。できるだけ信託報酬が安い投資信託を選びましょう。目安は**0.3%以下**です。

純資産総額が多い

投資信託を選ぶ場合、その投資信託の純資産総額に注意しましょう。純資産総額が多い方が、早期償還リスク（投資信託の運用が途中で終わってしまうこと）が低くなります。目安は**100億円以上**です。

パフォーマンス、リスク、リターンのバランスがいい

投資信託のリターン（成果）、リスク（ばらつき）のバランスは**シャープレシオ**で判断できます。シャープレシオの数値が大きいほど「リスクの割にリターンが大きい」ということです。シャープレシオの数値が大きい投資信託は、効率よくリターンを上げている（運用成績が優れている）といえます。

シャープレシオはリターン（成果）をリスク（ばらつき）で割ることで求められます。次の図は、シャープレシオが異なる投資信託A・Bをグラフにしたものです。ばらつきの小さい投資信託Aの方がシャープレシオが高くなります。

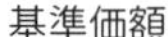

4-2-1 値動きの違う投資信託の比較

	投資信託A	投資信託B
リターン（成果）	20%	20%
リスク（ばらつき）	5%	20%
シャープレシオ	4.0	1.0

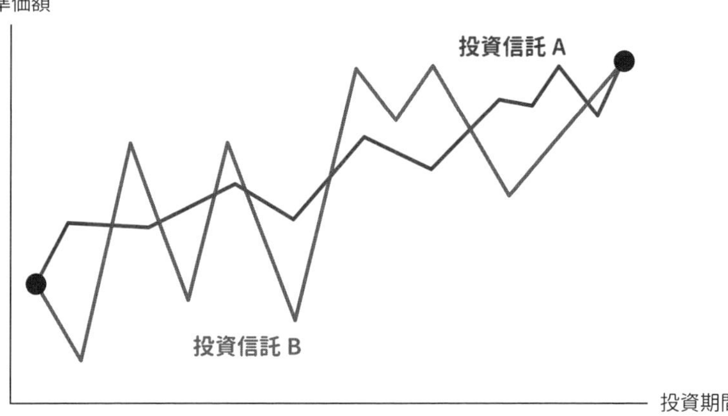

次節以降で、つみたて投資枠で買える実際の商品をカテゴリ別に紹介します。

つみたて枠で買える投資信託①
国内インデックス投資信託

国内インデックス投資信託（44本）

新NISAのつみたて枠で買える国内インデックス（指数）は「日経平均株価」「TOPIX」「JPX日経インデックス400」の3つです。

ここではそれぞれの指数の解説と、お勧め投資信託を紹介します。

日経平均株価（23本）

日経平均株価は、東京証券取引所プライム市場に上場している主要225銘柄の株価をもとに算出している株価指数です。

銘柄の選定は日本経済新聞社によって年2回（4月、10月の第1営業日）入れ替えが行われます。日経平均株価は**株価平均型**（銘柄の株価の平均で指数を算出する方式）の指数なので、株価が高い銘柄（値がさ株）ほど日経平均株価連動型の投資信託での比重が高くなります。

日経平均株価に連動するお勧めの低コスト投資信託は次ページの表のとおりです。

4-3-1　日経平均株価連動のお勧め投資信託（データは2023/12/28時点）

ファンド名	純資産額	設定日	信託報酬	1年リターン
SBI・iシェアーズ・日経225インデックス・ファンド	8.66億円	2023/7/12	0.1133%	—
楽天・日経225インデックス・ファンド	3.05億円	2023/12/22	0.132%	—
たわらノーロード 日経225	1152億円	2015/12/7	0.143%	22.03%
<購入・換金手数料なし>ニッセイ日経平均インデックスファンド	644億円	2016/11/21	0.143%	22.06%
eMAXIS Slim 国内株式（日経平均）	460億円	2018/2/2	0.143%	22.08%
PayPay投信 日経225インデックス	11億円	2021/3/8	0.143%	22.07%
はじめてのNISA・日本株式インデックス（日経225）	1.27億円	2023/7/10	0.143%	—

日経平均株価の過去のパフォーマンスを計算してみました。日本株は、バブル経済崩壊後（1990年代前半）に大きく株価を下げ、その後回復して来た背景があるため、30年リターンが低くなっています。

4-3-2　日経平均株価の過去パフォーマンス（データは2023年11月末時点）

	1年	3年	5年	10年	15年	20年	30年
リターン	16.1%	7.1%	7.8%	7.6%	9.3%	6.0%	2.3%
リスク	16.4%	14.4%	17.3%	16.3%	17.7%	18.3%	19.0%
シャープレシオ	0.98	0.49	0.45	0.47	0.53	0.33	0.12

TOPIX（16本）

TOPIX（Tokyo Stock Price Index）は**東証株価指数**の意味です。東京証券取引所（東証）に上場している銘柄を広く網羅し、一定の計算方法によって指数化されています。

2023年12月現在、2,156銘柄で構成されています。TOPIXは日経平均株価とは異なり**時価総額加重平均型**（構成銘柄の株価の時価総額をもとに算出した指数）で、時価総額が大きい銘柄の影響を受けやすいため、より日本株式市場全体の動きを反映しやすいのが特徴です。

TOPIXに連動する、お勧めの投資信託は次のとおりです。

4-3-3 TOPIX連動のお勧め投資信託（データは2023/12/28時点）

ファンド名	純資産額	設定日	信託報酬	1年リターン
SBI・iシェアーズ・TOPIXインデックス・ファンド	4.47億円	2023/7/12	0.1133%	—
eMAXIS Slim 国内株式（TOPIX）	1041億円	2017/2/27	0.143%	22.52%
<購入・換金手数料なし>ニッセイTOPIXインデックスファンド	681億円	2015/4/27	0.143%	22.44%
はじめてのNISA・日本株式インデックス（TOPIX）	0.42億円	2023/7/10	0.143%	—

TOPIXの過去のパフォーマンスを計算してみました。日経平均同様にバブル経済崩壊後の落ち込みがあるため、20年～30年リターンが低くなっています。

4-3-4 TOPIX（配当込み） 過去パフォーマンス（データは2023年11月末時点）

	1年	3年	5年	10年	15年	20年	30年
リターン	22.7%	13.3%	10.0%	9.0%	9.6%	6.5%	3.5%
リスク	11.7%	11.3%	14.7%	14.7%	16.2%	16.8%	17.1%
シャープレシオ	1.94	1.18	0.68	0.61	0.59	0.39	0.20

JPX日経インデックス400（5本）

JPX日経インデックス400は日本取引所グループ（JPX）と日本経済新聞社が算出する株価指数です。

毎期の業績や資本の効率的活用など、投資家にプラスとなる条件を満たした400社を選定している点が特徴です。日経平均株価は株価の高い特定企業の影響が大きいこと、TOPIXは東証全銘柄を機械的に組み込んでいますが、そういった問題を克服することを目指しています。2014年1月から公表が始まった比較的新しい指数です。

JPX日経インデックス400に連動する投資信託は次のとおりです。

4-3-5　**JPX日経インデックス400連動の投資信託（データは2023/12/28時点）**

ファンド名	純資産額	設定日	信託報酬	1年リターン
<購入・換金手数料なし>ニッセイJPX日経400インデックスファンド	83億円	2015/1/29	0.2145%	22.66%
iFree JPX日経400インデックス	50億円	2016/9/8	0.2145%	22.78%
SMT JPX日経インデックス400・オープン	121億円	2014/1/21	0.407%	22.42%
野村インデックスファンド・JPX日経400	105億円	2014/3/7	0.44%	22.36%
eMAXIS JPX日経400インデックス	74億円	2014/4/1	0.44%	22.38%

JPX日経インデックスの過去のパフォーマンスを計算しました。2014年に登場した新しい指数なので、過去15年までの成果を示しています。

4-3-6　**JPX日経インデックス400　過去パフォーマンス（データは2023年11月末時点）**

	1年	3年	5年	10年	15年	20年	30年
リターン	19.8%	10.4%	7.8%	6.5%	7.5%		
リスク	12.7%	11.8%	15.2%	14.9%	16.0%		
シャープレシオ	1.56	0.88	0.51	0.44	0.47		

つみたて枠で買える投資信託②
海外インデックス投資信託

4 NISAで買える金融商品を知ろう

海外インデックス投資信託（74本）

NISAのつみたて枠では、海外インデックス投資信託も購入できます。

代表的な海外インデックスには「全世界株式」「先進国株式」「S&P500」「全米株式」「新興国株式」などがあります。さらに、指定外のインデックスとして「ダウ」「ナスダック100」があります。

それぞれの指数の解説と、それに連動する投資信託を紹介します。

全世界株式（19本）

全世界株式インデックスには、「**MSCIオール・カントリー・ワールド・インデックス**」と「**FTSEグローバル・オールキャップ・インデックス**」があります。両方とも時価総額加重平均で算出されています。なお、全世界株式は「**オルカン**（オールカントリーの意味）」と略すことがあります。

それぞれの指数の特徴は次ページの通りです（構成比率は2023年11月30日時点）。「MSCIオール・カントリー・ワールド・インデックス」は大型・中型株を中心に構成されているのが特徴で、構成銘柄は約2,900銘柄です。「FTSEグローバル・オールキャップ・インデックス」は大型・中型点・小型株まで含めた幅広い構成で、構成銘柄は約9,500銘柄となっています。

構成銘柄数の違いはありますが、いずれも米国株が6割で、国別の資産構成は比較的似ています。

MSCIオール・カントリー・ワールド・インデックス

- 先進国23カ国、新興国24カ国の計47カ国が対象
- 大・中型株の**約2,900銘柄**に投資
- 全世界株式市場の時価総額上位約85%をカバー
- 資産構成比
  米国62.7%、日本5.5%、イギリス3.6%、中国3.0%、フランス2.9%

FTSEグローバル・オールキャップ・インデックス

- 先進国25カ国、新興国23カ国の計48カ国が対象
- 大・中・小型株の**約9,500銘柄**に投資
- 全世界株式市場の時価総額上位約98%をカバー
- 資産構成比
  米国61%、日本6.2%、イギリス3.8%、中国2.9%、カナダ2.7%

全世界株式インデックスに連動するお勧め投資信託は次のとおりです。

4-4-1　全世界株式インデックス連動のお勧め投資信託（データは2023/12/28時点）

ファンド名	純資産額	設定日	信託報酬	1年リターン	種類
楽天・オールカントリー株式インデックス・ファンド	89億円	2023/10/27	0.0561%	—	MSCI
eMAXIS Slim 全世界株式（オール・カントリー）	1兆8,005億円	2018/10/31	0.05775%	20.99%	MSCI
Tracers MSCIオール・カントリー・インデックス（全世界株式）	21億円	2023/4/26	0.05775%	—	MSCI
はじめてのNISA・全世界株式インデックス（オール・カントリー）	14億円	2023/7/10	0.05775%	—	MSCI
たわらノーロード 全世界株式	120億円	2019/7/22	0.1133%	20.96%	MSCI
SBI・V・全世界株式インデックス・ファンド	335億円	2022/1/31	0.1338%	19.79%	FTSE

MSCIオルカンとFTSEオルカンの過去のパフォーマンスを計算してみました。

4-4-2 MSCIオルカン（配当込み・ドル） 過去パフォーマンス（データは2023年11月末時点）

	1年	3年	5年	10年	15年	20年	30年
リターン	12.6%	6.2%	9.6%	8.2%	10.7%	8.2%	7.8%
リスク	16.1%	16.5%	18.2%	14.8%	15.8%	15.7%	15.4%
シャープレシオ	0.78	0.38	0.53	0.55	0.68	0.52	0.51

4-4-3 FTSEオルカン（配当込み・ドル） 過去パフォーマンス（データは2023年11月末時点）

	1年	3年	5年	10年	15年	20年	30年
リターン	12.5%	6.2%	9.6%	8.1%	10.7%	8.3%	
リスク	16.0%	16.3%	18.1%	14.7%	15.8%	15.7%	
シャープレシオ	0.78	0.38	0.53	0.55	0.68	0.53	

上の表を見るとわかりますが、MSCIもFTSEもパフォーマンスはほぼ同じで差がありません。そのため、オルカンの投資信託を選ぶ場合は、純資産額や信託報酬、ほかにインデックスからの乖離などを見て選びましょう。

先進国株式インデックス（22本）

先進国株式インデックスは、先進国企業で構成される指数です。オルカンは新興国まで含んでいますが、先進国株式は先進国企業のみで構成されているのが特徴です。

「**MSCIコクサイ・インデックス**」と「**FTSEディベロップド・オールキャップ・インデックス**」の2種類があります。

MSCIコクサイ・インデックスは日本株を除く先進国22カ国を対象としたインデックスです。大型・中型株の約1,200銘柄で構成されています。

FTSEディベロップド・オールキャップ・インデックスは、日本や韓国を含む先進25カ国の銘柄で構成されており、大型・中型・小型株の5,000以上の銘柄で構成されています。

MSCIコクサイ・インデックス

- **日本を除く**先進国22カ国が対象
- 大・中型株の**1,273銘柄**に投資
- 資産構成比
  米国74.6%、イギリス4.3%、フランス3.5%、カナダ3.4%、スイス2.8%

FTSEディベロップド・オールキャップ・インデックス

- **韓国を含む**先進国25カ国が対象
- 大・中・小型株の**5,726銘柄**に投資
- 資産構成比
  米国67.8%、日本6.9%、イギリス4.2%、カナダ3.1%、フランス3.0%

先進国株式インデックスに連動するお勧めの投資信託は次のとおりです。

4-4-4　先進国株式インデックス連動のお勧め投資信託（データは2023/12/28時点）

ファンド名	純資産額	設定日	信託報酬	1年リターン	種類
楽天・先進国株式（除く日本）インデックス・ファンド	2.04億円	2023/12/22	0.088%	—	MSCI
<購入・換金手数料なし>ニッセイ外国株式インデックスファンド	5939億円	2013/12/10	0.09889%	22.19%	MSCI
eMAXIS Slim 先進国株式インデックス	5813億円	2017/2/27	0.09889%	22.18%	MSCI
たわらノーロード 先進国株式	4248億円	2015/12/18	0.09889%	22.19%	MSCI
SBI・先進国株式インデックス・ファンド	205億円	2018/1/12	0.1017%	20.52%	FTSE

MSCI先進国とFTSE先進国の過去のパフォーマンスを計算しました。

4-4-5 MSCI先進国（配当込み・ドル） 過去パフォーマンス
（データは2023年11月末時点）

	1年	3年	5年	10年	15年	20年	30年
リターン	13.4%	8.1%	11.0%	9.2%	11.6%	8.8%	9.0%
リスク	16.4%	17.3%	19.0%	15.2%	16.1%	15.9%	15.6%
シャープレシオ	0.82	0.47	0.58	0.61	0.72	0.55	0.58

4-4-6 FTSE先進国（配当込み・ドル） 過去パフォーマンス
（データは2023年11月末時点）

	1年	3年	5年	10年	15年	20年	30年
リターン	16.1%	8.7%	8.6%	9.7%	8.0%	8.8%	
リスク	18.3%	17.6%	18.3%	14.6%	16.8%	15.4%	
シャープレシオ	0.88	0.49	0.47	0.66	0.48	0.57	

MCSI先進国は日本を除いていますし、FTSE先進国は小型株も含めた構成になっているため、構成銘柄は結構違いますが、パフォーマンスの差はほとんどありません。

S&P500（16本）・全米株式（3本）

S&P500は、S&Pダウ・ジョーンズ・インデックス社が公表している米国株式市場の株価指数です。ニューヨーク証券取引所、NASDAQに上場している代表的な500銘柄の時価総額を元に算出されます。

全米株式は「CRSP USトータル・マーケット・インデックス」に連動しており、米国市場の全銘柄を時価総額をもとに算出された指数です。

S&P500と全米株式の特徴をそれぞれまとめました。構成銘柄数などに違いはありますが、資産構成に締める主要銘柄の割合はよく似ています。

S&P500

- 米国市場に上場する企業で条件をクリアした500社、銘柄入れ替えは**年4回**検討
- 米国市場の**80%**をカバー、大・中型株の**500銘柄**に投資
- 資産構成比
  アップル7.7%、マイクロソフト6.2%、グーグル3.9%、
  アマゾン3.4%、エヌビディア2.9%

全米株式　CRSP USトータル・マーケット・インデックス

- 米国市場の**100%**をカバー、大・中・小型株の約**3,500銘柄**に投資
- 資産構成比
  アップル6.1%、マイクロソフト5.6%、グーグル3.4%、
  アマゾン2.8%、エヌビディア2.4%

S&P500に連動するお勧めの投資信託、全米株式に連動するお勧めの投資信託は次のとおりです。

4-4-7　S&P500／全米株式連動のお勧め投資信託（データは2023/12/28時点）

ファンド名	純資産額	設定日	信託報酬	1年リターン	種類
つみたてiシェアーズ米国株式（S&P500）インデックス・ファンド	3.95億円	2023/11/17	0.0586%	—	S&P500
楽天・S&P500インデックス・ファンド	134億円	2023/10/27	0.077%	—	S&P500
eMAXIS Slim 米国株式（S&P500）	2兆9,957億円	2018/7/3	0.09372%	23.46%	S&P500
たわらノーロード S&P500	46億円	2023/3/30	0.09372%	—	S&P500
はじめてのNISA・米国株式インデックス（S&P500）	8.89億円	2023/7/10	0.09372%	—	S&P500
SBI・V・S&P500インデックス・ファンド	1兆2,252億円	2019/9/26	0.0938%	23.38%	S&P500
SBI・V・全米株式インデックス・ファンド	2,043億円	2021/6/29	0.0938%	22.10%	全米株式
楽天・全米株式インデックス・ファンド	1兆2,141億円	2017/9/29	0.162%	22.10%	全米株式

S&P500と全米株式の過去のパフォーマンスを計算しました。いずれも最長期間（S&P500は30年、全米株式は20年）で9～10%の高いリターンを出しています。

4-4-8　S&P500（配当込み・ドル）　過去パフォーマンス（データは2023年11月末時点）

	1年	3年	5年	10年	15年	20年	30年
リターン	12.0%	9.2%	12.1%	11.6%	13.6%	9.6%	10.0%
リスク	16.5%	17.4%	19.0%	15.1%	15.3%	14.9%	15.2%
シャープレシオ	0.73	0.53	0.64	0.77	0.89	0.64	0.66

4-4-9 全米株式（配当込み・ドル） 過去パフォーマンス
（データは2023年11月末時点）

	1年	3年	5年	10年	15年	20年	30年
リターン	11.4%	7.0%	11.3%	10.7%	13.2%	9.4%	
リスク	17.0%	17.7%	19.5%	15.6%	15.8%	15.4%	
シャープレシオ	0.67	0.44	0.58	0.69	0.84	0.61	

S&P500と全米株式の過去のパフォーマンスは非常に近く、大きな差はありません。そのため、米国株全体に投資したい場合はどちらのインデックス投資信託を選んでも問題ないでしょう。なお、記事執筆時点では全米株式の投資信託の方が若干信託報酬が高い傾向にあるようです。

新興国株式インデックス（14本）

新興国株式インデックスは、経済水準が低いものの高い成長が期待されている新興国の銘柄で構成された指数です。

新興国株式インデックスには「**MSCI エマージング・マーケット・インデックス**」（MSCI新興国）と「**FTSEエマージング・マーケット・インデックス**」（FTSE新興国）の2種類があります。

MSCI 新興国は韓国を含む新興国24カ国が対象で約1,400銘柄で構成されています。FTSE新興国は新興国24カ国、約2,100銘柄で構成されていますが、韓国は含まれていません。

MSCI エマージング・マーケット・インデックス

- **韓国を含む**新興国24カ国が対象
- **1,437銘柄**に投資
- 資産構成比
  中国28.4%、台湾15.8%、インド15.7%、韓国12.7%、
  ブラジル5.7%

FTSE エマージング・マーケット・インデックス

- 新興国24カ国が対象。
  FTSEでは、韓国は先進国に含まれるため構成外
- **2,176銘柄**に投資
- 資産構成比
  中国31.0%、インド19.4%、台湾17.5%、ブラジル6.8%、
  サウジアラビア4.5%

新興国株式インデックスに連動するお勧めの投資信託は次のとおりです。

4-4-10　新興国株式連動のお勧め投資信託（データは2023/12/28時点）

ファンド名	純資産額	設定日	信託報酬	1年リターン	種類
eMAXIS Slim 新興国株式インデックス	1280億円	2017/7/31	0.1518%	11.65%	MSCI
SBI・新興国株式インデックス・ファンド	236億円	2017/12/6	0.176%	10.56%	FTSE
たわらノーロード 新興国株式	194億円	2016/3/14	0.1859%	11.09%	MSCI
<購入・換金手数料なし>ニッセイ新興国株式インデックスファンド	37億円	2017/10/13	0.1859%	11.80%	MSCI
はじめてのNISA・新興国株式インデックス	0.26億円	2023/7/10	0.1859%	—	MSCI

MSCI新興国とFTSE新興国の過去のパフォーマンスを計算しました。

4 NISAで買える金融商品を知ろう

4-4-11 MSCI新興国（配当込み・ドル） 過去パフォーマンス
（データは2023年11月末時点）

	1年	3年	5年	10年	15年	20年	30年
リターン	4.6%	-3.7%	2.7%	2.5%	7.2%	7.4%	5.2%
リスク	18.0%	17.8%	19.2%	17.2%	19.3%	20.8%	22.0%
シャープレシオ	0.26	-0.21	0.14	0.15	0.37	0.36	0.24

4-4-12 FTSE新興国（配当込み・ドル） 過去パフォーマンス
（データは2023年11月末時点）

	1年	3年	5年	10年	15年	20年	30年
リターン	1.3%	0.0%	2.4%	4.0%	3.3%	8.2%	
リスク	23.6%	16.6%	18.4%	16.8%	20.9%	20.6%	
シャープレシオ	0.06	0	0.13	0.24	0.16	0.4	

MSCIは韓国を含み、FTSEは中国の比率が多いのが特徴です。先進国株式や米国株式と比べるとリスクが高く、パフォーマンスに違いがあります。

つみたて枠で買える投資信託③ バランス型投資信託

バランス型投資信託（109本）

バランス型とは指数のことではなく、株式だけに偏らずに複数の資産や市場へバランス良く投資する投資信託の総称です。**株式**、**債券**、**リート（不動産）**、**国内**と**海外**といった異なる資産や市場で運用します。

複数の資産へ分散投資することで、どれか一つの資産の価格が下落しても、その他の資産が下落しなければ、投資信託自体の大きな下落を防ぐことができます。また、投資信託が自動でリバランス（資産の配分調整）を行うため、安定した運用が可能です。資金の減少リスクをできるだけ低減したいという人にお勧めです。

実際のファンドおよび資産配分をみてみましょう。次の表はバランスタイプとファンド名、次ページの表はそれぞれの投資先の配分と、3年リターンを示したものです。

4-5-1 バランス型投資信託の投資先とリターン

バランスタイプ	ファンド名
3地域均等型	eMAXIS Slim 全世界株式（3地域均等型）
4資産均等型	<購入・換金手数料なし>ニッセイ・インデックスバランスファンド（4資産均等型）
6資産均等型	<購入・換金手数料なし>ニッセイ・インデックスバランスファンド（6資産均等型）
8資産均等型	eMAXIS Slim バランス（8資産均等型）
堅実型	たわらノーロード バランス（堅実型）
標準型	たわらノーロード バランス（標準型）
積極型	たわらノーロード バランス（積極型）

	国内			先進国			新興国		種類	3年
タイプ	株式	債券	リート	株式	債券	リート	株式	債券		リターン
3地域均等型	33.3%			33.3%			33.3%		3指数	14.17%
4資産均等型	25%	25%		25%	25%				4指数	8.88%
6資産均等型	16.6%	16.6%	16.6%	16.6%	16.6%	16.6%			6指数	9.50%
8資産均等型	12.5%	12.5%	12.5%	12.5%	12.5%	12.5%	12.5%	12.5%	8指数	9.26%
堅実型	4%	36%	2%	0%	33%	1%	1%	8%	8指数	-1.54%
標準型	7%	17%	10%	6%	17%	5%	1%	6%	8指数	2.86%
積極型	13%	3%	13%	16%	3%	12%	2%	3%	8指数	8.00%

ほぼすべてのバランス型投資信託に株式が含まれていますが、**株式への比率が高い方がパフォーマンスが良い**傾向にあります。「堅実型」「標準型」は株式の割合が低く債券の割合が高いですが、堅実型は3年リターンがマイナス、標準型も2.86%しかありません。

ターゲット・デート・ファンド

新NISAで非課税期間が無期限になったことで、バランス型投資信託の中でターゲット・デート・ファンド（TDF）も人気が出てきます。

TDFとは、現在（投資開始）の年齢から、運用資産の切り崩し（投資資産を使い始める）時期を鑑みて、分散投資や資産配分の変更を自動的に行ってくれる投資信託です。

資産運用序盤は成長資産中心に、終盤は安定資産中心に投資をしてくれます。例えば、2060年を投資終了年として投資を始めたい場合、「フィデリティ・ターゲット・デート・ファンド2060」を購入します。購入当初は株式などのリスクが高い商品の配分が多く設定されており、徐々に債券・現金などの安定資産の割合が増えていくように自動的に配分されます。減ってはいけない老後資金の運用に最適です。

4-5-2　フィディリティ・ターゲット・デート・ファンドの資産配分方針の推移

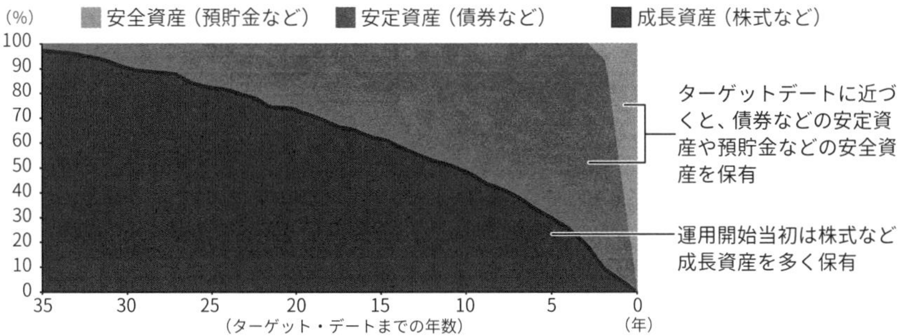

バランス型のお勧め投資信託は次のとおりです。

4-5-3　バランス型のお勧め投資信託（データは2023/12/28時点）

ファンド名	純資産額	設定日	信託報酬	1年リターン	種類
eMAXIS Slim 全世界株式（3地域均等型）	98億円	2018/4/3	0.05775%	18.71%	3指数
eMAXIS Slim バランス（8資産均等型）	2352億円	2017/5/9	0.143%	10.49%	8指数
たわらノーロード バランス（8資産均等型）	562億円	2017/7/28	0.143%	9.19%	8指数
たわらノーロード バランス（標準型）	221億円	2017/11/8	0.143%	4.17%	8指数
たわらノーロード バランス（積極型）	198億円	2017/11/8	0.143%	8.52%	8指数
たわらノーロード バランス（堅実型）	53億円	2017/11/8	0.143%	0.79%	8指数
<購入・換金手数料なし>ニッセイ・インデックスバランスファンド（4資産均等型）	392億円	2015/8/27	0.154%	12.54%	4指数
<購入・換金手数料なし>ニッセイ・インデックスバランスファンド（6資産均等型）	20億円	2017/10/13	0.1749%	8.74%	6指数
フィデリティ・ターゲット・デート・ファンド（ベーシック）2060	25億円	2018/9/26	0.38%	20.49%	6指数

06

つみたて枠で買える投資信託④ 指定以外・アクティブ投信

指定インデックス以外（46本）

インデックスファンドであっても指定に入っていない**インデックスファンド**と**アクティブファンド**が指定インデックス以外の投資信託です。

指定インデックス以外の代表的なインデックスは次のとおりです。

ダウ平均（5本）

ダウ平均とは、ダウ・ジョーンズ社が算出している平均株価です。米国の代表的な業種の銘柄の株価をもとにしてます。

30銘柄の平均を基準としているため、株価が高い銘柄（値がさ株）の影響を受けやすいという特徴があります。

ダウ平均に連動する投資信託は次のとおりです。

4-6-1　ダウ平均連動の投資信託（データは2023/12/28時点）

ファンド名	純資産額	設定日	信託報酬	1年リターン
iFree NYダウ・インデックス	605億円	2016/9/8	0.2475%	12.80%
たわらノーロード NYダウ	148億円	2017/3/21	0.2475%	12.84%
eMAXIS NYダウインデックス	521億円	2013/8/7	0.66%	12.28%
インデックスファンドNYダウ30（アメリカ株式）	90億円	2014/3/31	0.682%	12.14%

ダウ平均の過去のパフォーマンスを計算しました。30年リターンで約8%と、S&P500などと比べるとやや劣ります。

4-6-2 ダウ平均(配当なし・ドル) 過去パフォーマンス
(データは2023年11月末時点)

	1年	3年	5年	10年	15年	20年	30年
リターン	3.9%	6.6%	7.1%	8.4%	9.8%	6.7%	7.9%
リスク	14.5%	16.8%	18.6%	15.1%	15.0%	14.4%	15.0%
シャープレシオ	0.27	0.39	0.38	0.56	0.65	0.47	0.53

ナスダック100(1本)

ナスダック100は、米国のナスダック市場に上場する金融セクター以外の銘柄のうち時価総額上位100銘柄で構成する株価指数です。時価総額加重方式で算出しており、毎年12月に定期的な銘柄の入れ替えをしています。最新の成長企業を指数に取り込み続け、パフォーマンスの高さでも注目を集める指数です。

つみたて投資枠で購入できるナスダック100は1銘柄(iFreeNEXT NASDAQ100インデックス)のみですが、成長投資枠で買える低コストファンドも含め紹介します。

4-6-3 ナスダック100連動の投資信託(データは2023/12/28時点)

ファンド名	純資産額	設定日	信託報酬	1年リターン	つみたて投資枠
PayPay投信 NASDAQ100インデックス	15億円	2021/6/29	0.2024%	46.87%	×
<購入・換金手数料なし>ニッセイNASDAQ100インデックスファンド	314億円	2023/3/31	0.2035%	—	×
SBI・インベスコQQQ・NASDAQ100インデックス・ファンド	15億円	2023/8/23	0.2388%	—	×
eMAXIS NASDAQ100インデックス	844億円	2021/1/29	0.44%	47.62%	×
インデックスファンドNASDAQ100(アメリカ株式)	906億円	2020/8/31	0.484%	47.36%	×
iFreeNEXT NASDAQ100インデックス	820億円	2018/8/31	0.495%	47.53%	○

ナスダック100の過去のパフォーマンスを計算しました。30年で年率10%と高成果を残しています。

4-6-4 ナスダック100（配当なし・ドル） 過去パフォーマンス（データは2023年11月末時点）

	1年	3年	5年	10年	15年	20年	30年
リターン	30.6%	8.6%	17.7%	16.0%	18.6%	12.6%	10.5%
リスク	22.8%	22.4%	22.5%	18.4%	17.9%	18.3%	25.7%
シャープレシオ	1.34	0.38	0.79	0.87	1.04	0.69	0.41

NYSE FANG＋指数（1本）

NYSE FANG+指数は、米国のIT企業大手4社である「フェイスブック」「アマゾン」「ネットフリックス」「グーグル」の頭文字をつないだ「FANG」に、「アップル」「テスラ」「マイクロソフト」「ブロードコム」「エヌビディア」「スノーフレイク」の6社を加えた10銘柄に等金額投資する株価指数です。銘柄は定期的に入れ替えも行われています。

世界的な有名企業に集中投資できる便利な投資信託です。1年リターンが90%とパフォーマンスも高いですが、集中投資している分、リスクも大きいので注意が必要です。

4-6-5 NYSE FANG+指数連動する投資信託（データは2023/12/28時点）

ファンド名	純資産額	設定日	信託報酬	1年リターン
iFreeNEXT FANG+インデックス	466億円	2018/1/31	0.7755%	90.84%

インド（1本）

つみたて投資枠でインドへの投資も可能です。インドは成長が見込まれている市場です。人口増加中で記事執筆時点世界一位、インドの平均年齢は29歳と言われています。今後人口ボーナス期（働き手が子供＋高齢者の2倍を超える期間）を迎えるため、経済成長とともに株価の成長が見込まれます。

インド株式の代表的な指数2つを紹介します。

Nifty50指数

Nifty50指数はインドを代表する株価指数です。インドのナショナル証券取引所（NSE）に上場している銘柄のうち、時価総額、流動性、浮動株比率等の基準を用いて選定した50銘柄の株価を時価総額比率で加重平均し、指数化しています。

SENSEX指数

SENSEX指数もインド株式市場の代表的な株価指数です。ムンバイにあるインド最大のボンベイ証券取引所（Bombay Stock Exchange）に上場する銘柄のうち、流動性、取引規模、業種などを代表する30銘柄で構成される時価総額加重平均指数です。

Nifty50指数とSENSEX指数に連動する投資信託は次のとおりです。なお、つみたて投資枠で購入できるのはiTrustインド株式のみです。

4-6-6　Nifty50／SENSEX連動の投資信託（データは2023/12/28時点）

ファンド名	純資産額	設定日	信託報酬	1年リターン	種類	つみたて投資枠
SBI・iシェアーズ・インド株式インデックス・ファンド	160億円	2023/9/22	0.4638%	—	SENSEX	×
auAM Nifty50インド株ファンド	7.01億円	2023/8/29	0.4675%	—	NIFTY	×
iFreeNEXT インド株インデックス	542億円	2023/3/13	0.473%	—	NIFTY	×
iTrustインド株式	127億円	2018/4/3	0.9828%	18.57%	アクティブ	○
イーストスプリング・インド・コア株式ファンド	98億円	2022/7/29	0.9905%	21.84%	アクティブ	×

Nifty50指数とSENSEX指数の過去のパフォーマンスを計算しました。いずれも中長期で高いパフォーマンスを示しています。

4-6-7　Nifty50指数（配当なし・ルピー）　過去パフォーマンス（データは2023年11月末時点）

	1年	3年	5年	10年	15年	20年
リターン	9.4%	14.4%	11.9%	13.0%	13.3%	13.2%
リスク	14.2%	12.4%	14.0%	18.3%	22.5%	23.0%
シャープレシオ	0.66	1.16	0.85	0.71	0.59	0.57

4-6-8　SENSEX指数（配当なし・ルピー）　過去パフォーマンス（データは2023年11月末時点）

	1年	3年	5年	10年	15年	20年	30年
リターン	4.4%	14.3%	12.7%	11.8%	13.8%	13.5%	10.4%
リスク	9.7%	13.3%	18.5%	16.1%	18.6%	21.4%	23.0%
シャープレシオ	0.45	1.08	0.69	0.73	0.74	0.63	0.45

アクティブファンド

つみたて投資枠でアクティブファンドを購入することができます。ここでは、アクティブファンドでパフォーマンスが良いものを紹介します。

4-6-9 つみたて投資枠で購入可能な高パフォーマンスのアクティブファンド（データは2023/12/28時点）

ファンド名	純資産額	設定日	信託報酬	1年リターン	3年リターン	5年リターン
グローバル・ハイクオリティ成長株式ファンド（為替ヘッジなし）	6162億円	2016/9/30	1.65%	45.47%	5.90%	15.90%
フィデリティ・米国優良株・ファンド	1016億円	1998/4/1	1.639%	26.22%	21.64%	17.92%
ハッピーエイジング・ファンド ハッピーエイジング20	227億円	2000/7/31	1.617%	25.55%	18.14%	10.92%
ブラックロックESG世界株式ファンド（為替ヘッジなし）	104億円	2015/9/30	0.7608%	23.51%	19.78%	16.12%
ニッセイ日本株ファンド	1404億円	2001/12/26	0.88%	23.40%	14.49%	8.94%
フィデリティ・欧州株・ファンド	316億円	1998/4/1	1.65%	21.36%	12.30%	13.49%
ハッピーエイジング・ファンド ハッピーエイジング30	232億円	2000/7/31	1.485%	20.91%	14.32%	8.79%

07

つみたて投資枠で購入するべき投資信託は？

投資信託の種類について概ね理解できました。つみたて投資枠だけでもこれだけの選択肢があって、結局何を買った方がいいか悩みます。

指数ごとの過去のリターン（年率）や投資信託の信託報酬など比較して考えてみましょう。

インデックスごとのリターン・リスク・ジャープレシオを比較

NISAのつみたて投資枠で買うべき投資信託はどれでしょうか。

まずはインデックス（指数）ごとの過去の「リターン」「リスク」「シャープレシオ」を表にまとめてみました。

4-7-1 インデックス指数ごとのリターン・リスク・シャープレシオ比較（2023年11月末。色字は最高数値）

	リターン			リスク			シャープレシオ		
	5年	10年	20年	5年	10年	20年	5年	10年	20年
TOPIX	10.0%	9.0%	6.5%	14.7%	14.7%	16.8%	0.68	0.61	0.39
日経平均株価	7.8%	7.6%	6.0%	17.3%	16.3%	18.3%	0.45	0.47	0.33
JPX日経400	7.8%	6.5%	—	15.2%	14.9%	—	0.51	0.44	—
全世界（MSCI）	9.6%	8.2%	8.2%	18.2%	14.8%	15.7%	0.53	0.55	0.52
全世界（FTSE）	9.6%	8.1%	8.3%	18.1%	14.7%	15.7%	0.53	0.55	0.53
先進国（MSCI）	11.0%	9.2%	8.8%	19.0%	15.2%	15.9%	0.58	0.61	0.55
先進国（FTSE）	8.6%	9.7%	8.8%	18.3%	14.6%	15.4%	0.47	0.66	0.57
S&P500	12.1%	11.6%	9.6%	19.0%	15.1%	14.9%	0.64	0.77	0.64
全米株式	11.3%	10.7%	9.4%	19.5%	15.6%	15.4%	0.58	0.69	0.61
新興国（MSCI）	2.7%	2.5%	7.4%	19.2%	17.2%	**20.8%**	0.14	0.15	0.36
新興国（FTSE）	2.4%	4.0%	8.2%	18.4%	16.8%	20.6%	0.13	0.24	0.40
ナスダック100	**17.7%**	**16.0%**	**12.6%**	**22.5%**	**18.4%**	18.3%	**0.79**	**0.87**	**0.69**

過去10年のリターンとシャープレシオ（リスクの割にリターンが大きい）をみると、次の順番になります。

4-7-2 指数ごとの10年リターンとシャープレシオの順番（全世界、先進国、新興国はMSCIのデータ）

	新興国 <	JPX 400 <	日経 <	全世界 <	TOPIX <	先進国 <	S&P500（全米） <	ナスダック100
リターン	2.5%	6.5%	7.6%	8.2%	9.0%	9.2%	11.6%	16.0%
シャープレシオ	0.15	0.44	0.47	0.55	0.61	0.61	0.77	0.87

いずれの場合も、ナスダック100がトップです。過去10年間の数値で見ると、ナスダック100に連動する投資信託を購入することで、もっとも高いリターンが得られたということになります。

もちろんこれは過去の値であって、今後どうなるかはわかりません。あくまで実績としての比較です。

次に、インデックスの代表である全世界株式、S&P500、ナスダックを長期保有した場合のリスクについて考えてみよう。

2023年12月現在の**過去34年間のデータ**（全指数を取れる最大値）を使って、各指数を比較してみましょう。

34年の期間、どこかの時点で買って、複数年間保有した場合の「最大値」「平均値」「最小値」をそれぞれの指数で計算してみました。

すべての指数が15年以上保有でリスクゼロに

次の表と図は「**全世界株式**」の年率リターンです。1年保有、5年保有、10年保有……という形で、最大25年保有まで計算しています。

「最大値」は過去34年間のデータでもっともリターンが大きかった数値です。全世界株式の場合、1年で54.67%のリターンを記録したことがある、ということになります。

「最小値」は過去34年間のデータでもっともリターンが小さかった数値です。マイナスもありえます。事実、全世界株式では1年リターンでもっともリターンが低かったケースでは-49.47%とほぼ半分になっているケースがあります。

「平均値」は過去34年間のデータで計算した平均リターンです。全世界株式の1年リターンの平均値は6.51%となっています。

シミュレーションの結果、全世界株式の場合は**14年間**保有すると、どのタイミングで買ったとしてもプラスになりました。

4-7-4　全世界株式保有時　年率リターン

	1年	5年	10年	14年	20年	25年
最大値	54.67%	26.38%	19.85%	**16.86%**	12.95%	13.46%
平均値	6.51%	6.97%	6.48%	**6.45%**	7.19%	9.32%
最小値	-49.47%	-6.05%	-3.10%	**1.20%**	1.42%	5.36%

4-7-5　全世界株式リターン推移

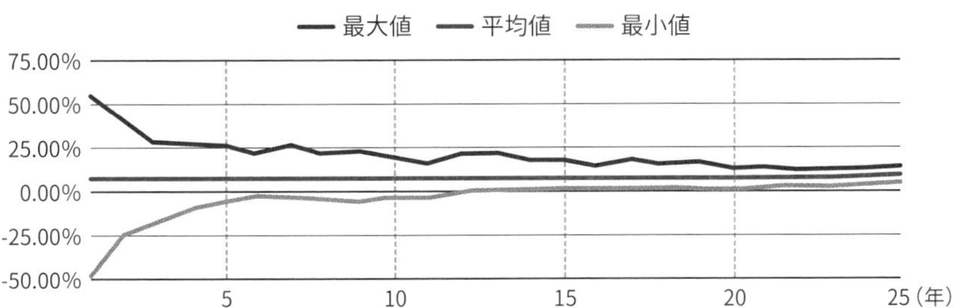

続いて「**S&P500**」でも同様のシミュレーションをしました。やはり**14年間**保有でプラスリターンになっています。

4-7-6　S&P500保有時　年率リターン

	1年	5年	10年	14年	20年	25年
最大値	62.71%	43.79%	37.13%	**32.48%**	19.03%	24.26%
平均値	9.26%	11.19%	11.36%	**10.33%**	11.70%	18.78%
最小値	-46.48%	-7.68%	-4.24%	**1.21%**	3.23%	10.85%

4-7-7　S&P500リターン推移

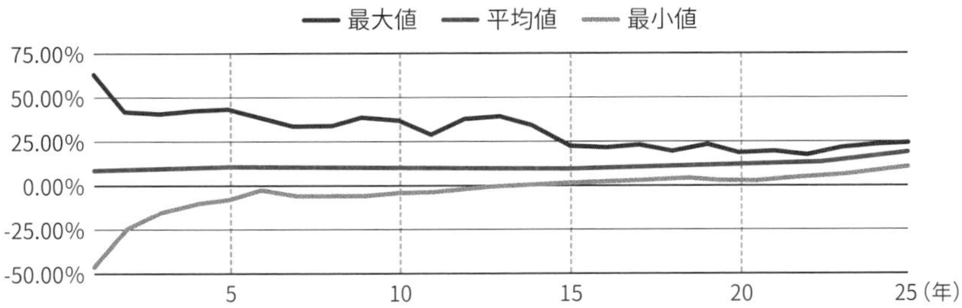

4　NISAで買える金融商品を知ろう

「**ナスダック**」でのシミュレーションでは、すべての値がプラスになるのに15年間の保有が必要なことがわかりました。

4-7-8　ナスダック保有時　年率リターン

	1年	5年	10年	15年	20年	25年
最大値	108.44%	100.83%	101.99%	**43.88%**	44.20%	57.74%
平均値	13.93%	17.20%	19.28%	**17.32%**	21.43%	37.48%
最小値	-59.56%	-11.34%	-5.25%	**0.29%**	3.26%	21.22%

4-7-9　ナスダックリターン推移

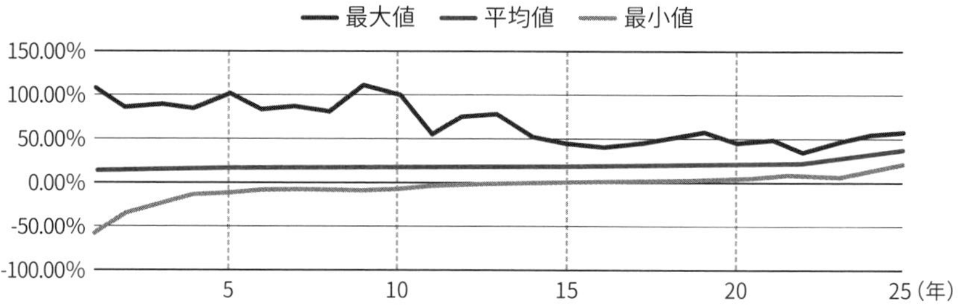

つみたて投資枠は、年間120万円を上限に、国が定めた条件を満たした、長期投資（長期保有）に適した投資信託が対象です。過去34年間のデータのシミュレーションの結果、最低**15年は保有**するつもりでインデックスを買うのがつみたて投資枠の最適解です。

そのうえで、各人の投資期間やリスク許容度などによって、どの投資信託を購入するかを検討しましょう。

次節から、世代ごとの最適な投資信託の選び方の一例を示します。

08

50代の場合

残り投資期間を考えてリスクを取るのも手

50代の場合は、残り投資期間があまり長くない（10年前後）ので、投資経験があってリスクが取れる人は、ハイリターンを出している投資信託を購入するというのもいいでしょう。インデックス（指数）でいえば「ナスダック100」や「S&P500」がつみたて投資枠ではパフォーマンスを期待できます。

ナスダック100やS&P500と連動する投資信託で、NISAのつみたて投資枠で購入可能なものは次のとおりです。

4-8-1　ナスダック100やS&P500連動でNISAのつみたて投資枠で購入可能な投資信託（データは2023/12/28時点）

ファンド名	純資産額	設定日	信託報酬	1年リターン	指数
iFreeNEXT NASDAQ100 インデックス	820億円	2018/8/31	0.495%	47.53%	NASDAQ 100
つみたてiシェアーズ 米国株式（S&P500） インデックス・ファンド	3.95億円	2023/11/17	0.0586%	—	S&P500
楽天・S&P500 インデックス・ファンド	134億円	2023/10/27	0.077%	—	S&P500
eMAXIS Slim 米国株式（S&P500）	2兆9,957億円	2018/7/3	0.09372%	23.46%	S&P500
たわらノーロード S&P500	46億円	2023/3/30	0.09372%	—	S&P500

09

20代の場合

投資期間の長さを見越して全世界株式

20代の場合は、50代とは逆に投資期間が長く、投資経験も浅い人が多いので、リスクは低めで一定のパフォーマンスが期待できる投資信託がいいでしょう。

直近のパフォーマンスでは先進国や米国株の指数が好調ですが、資産を使い始める30〜40年先は世界がどうなっているかわからないので、全世界株式の投資信託がお勧めです。

4-9-1 【再掲】全世界株式連動のお勧め投資信託（データは2023/12/28時点）

ファンド名	純資産額	設定日	信託報酬	1年リターン	種類
楽天・オールカントリー株式インデックス・ファンド	89億円	2023/10/27	0.0561%	—	MSCI
eMAXIS Slim 全世界株式（オール・カントリー）	1兆8,005億円	2018/10/31	0.05775%	20.99%	MSCI
Tracers MSCI オール・カントリー・インデックス（全世界株式）	21億円	2023/4/26	0.05775%	—	MSCI
はじめてのNISA・全世界株式インデックス（オール・カントリー）	14億円	2023/7/10	0.05775%	—	MSCI
たわらノーロード 全世界株式	120億円	2019/7/22	0.1133%	20.96%	MSCI
SBI・V・全世界株式インデックス・ファンド	335億円	2022/1/31	0.1338%	19.79%	FTSE

30～40代の場合

安全性を確保しつつ高リターンも狙う

30～40代の場合は、20代と50代の中間の考え方になります。高リターンが期待できるS&P500やナスダック100、安全性を確保しつつ長期保有での成長を期待できる全世界株式の組み合わせがいいかもしれません。また、投資資金の一部を米国の大企業に集中投資できるFANG＋やインド株に回すなど、リスクをとった投資を少量検討してみるのもいいでしょう。

また、リスクをできるだけ避けたいという場合は、20年後を見据えてバランス型投資信託を選択するのもいいでしょう。

4-10-1　バランス型、FANG+、インド株投資信託（データは2023/12/28時点）

ファンド名	純資産額	設定日	信託報酬	1年リターン
eMAXIS Slim バランス（8資産均等型）	2352億円	2017/5/9	0.143%	10.49%
iFreeNEXT FANG+インデックス	466億円	2018/1/31	0.7755%	90.84%
iTrustインド株式	127億円	2018/4/3	0.9828%	18.57%

年代や状況によってお勧めの商品は異なります。枠のすべてを同じ金融商品に投資するのではなく、安定したリターンを期待できる商品を多めに、リスクの高い商品には少額投資してみる、というのもいいかもしれません。

つみたて投資枠自体は何に投資しても大きく失敗することはないと思いますので、まず初年度は、自分のリスク許容度を測るためにも、いろんな商品に投資して見るのもありですね。

11

成長投資枠では何が買えるの？

つみたて投資枠で買える投資信託はすべて購入可能

NISAの成長投資枠では、つみたて投資枠で買える投資信託はすべて購入可能です。さらに大幅に買える銘柄が増えます。

なお、次に該当する商品は除きます。

- 整理・管理銘柄
- 信託期間20年未満
- 毎月分配型の投資信託
- デリバティブ取引を用いた一定の投資信託

つみたて投資枠と成長投資枠で買える投資信託、ETF（上場投資信託）数は次の表のとおりです。

4-11-1 つみたて投資枠と成長投資枠で購入できる投資信託銘柄数（2023年12月31日時点）

	投資信託	日本ETF	米国ETF
つみたて投資枠	272銘柄	8銘柄	0銘柄
成長投資枠	1822銘柄	294銘柄	247銘柄

これらに加えて、成長投資枠では個別の日本株や米国株が購入できます。ただし、証券会社によって購入可能な銘柄が異なります。

ここでは、カテゴリーに分けてNISAの成長投資枠で購入可能な投資信託、日本ETF、海外ETFを紹介します。商品はSBI証券、楽天証券、マネックス証券のいずれかで買える商品に絞っています。つみたて投資枠で紹介した投資信託も含まれています。

リターンはすべて**円ベース配当込み**で統一し、2023年12月末のデータで比較しています。

全世界株式の投資信託・ETF

まずは、全世界株式の投資信託・ETFです。

NISAの成長投資枠で購入可能な、全世界株式に連動するお勧めの投資信託・ETFは次の4つです。

4-11-2 全世界株式と連動するお勧め投資信託・ETF

コード	ファンド名	種類	信託報酬	分配金利回り	リターン			
					1年	3年	5年	10年
	楽天・オールカントリー株式インデックス・ファンド	投信	0.0561%	なし	—	—	—	—
	eMAXIS Slim全世界株式（オール・カントリー）	投信	0.05775%	なし	30.42%	17.79%	17.70%	—
2559	MAXIS全世界株式（オール・カントリー）上場投信	日本ETF	0.0858%	1.60%	28.65%	17.71%	—	—
VT	バンガード・トータル・ワールド・ストックETF	米国ETF	0.07%	2.08%	29.84%	17.52%	17.53%	11.33%

米国株の投資信託・ETF

続いて米国株で構成された投資信託・ETFです。

NISAの成長投資枠で購入可能な、S&P500や全米株式に連動するお勧めの投資信託・ETFは次の7つです。

4-11-3 S&P500と全米株式と連動するお勧め投資信託・ETF

コード	ファンド名	種類	信託報酬	分配金利回り	リターン			
					1年	3年	5年	10年
	楽天・S&P500インデックス・ファンド	投信	0.077%	なし	—	—	—	—
	eMAXIS Slim 米国株式（S&P500）	投信	0.09372%	なし	34.63%	22.26%	21.34%	—
	SBI・V・S&P500インデックス・ファンド	投信	0.0938%	なし	34.48%	22.12%	—	—
	SBI・V・全米株式インデックス・ファンド	投信	0.0938%	なし	34.38%	—	—	—
2558	MAXIS米国株式（S&P500）上場投信	日本ETF	0.077%	1.27%	34.85%	22.07%	—	—
VOO	バンガード・S&P 500 ETF	米国ETF	0.03%	1.46%	34.42%	22.22%	21.54%	15.33%
VTI	バンガード・トータル・ストック・マーケットETF	米国ETF	0.03%	1.44%	34.12%	20.47%	20.92%	14.81%

ナスダック100の投資信託・ETF

続いてナスダック100に連動する投資信託・ETFです。

NISAの成長投資枠で購入可能なナスダック100に連動するお勧めの投資信託・ETFは次の6つです。

4-11-4 ナスダック100と連動するお勧め投資信託・ETF

コード	ファンド名	種類	信託報酬	分配金利回り	リターン			
					1年	3年	5年	10年
	<購入・換金手数料なし>ニッセイNASDAQ100インデックスファンド	投信	0.2035%	なし	—	—	—	—
	eMAXIS NASDAQ100インデックス	投信	0.44%	なし	65.40%	—	—	—
	iFreeNEXT NASDAQ100インデックス	投信	0.495%	なし	65.32%	21.93%	28.16%	—
2631	MAXISナスダック100上場投信	日本ETF	0.22%	0.47%	65.78%	—	—	—
QQQM	インベスコNASDAQ 100 ETF	米国ETF	0.15%	0.65%	64.94%	22.28%	—	—
QQQ	インベスコQQQ信託シリーズ1	米国ETF	0.20%	0.57%	64.77%	22.20%	28.60%	21.21%

高配当投資信託・ETF

ここまではインデックス（指数）に連動する投資信託・ETFを紹介してきましたが、次はNISAの成長投資枠で買える高配当投資信託・ETFを紹介します。お勧めの高配当投資信託・ETFは次のとおりです。

4-11-5　お勧めの高配当投資信託・ETF（配当金あり）

コード	ファンド名	種類	信託報酬	分配金利回り	リターン			
					1年	3年	5年	10年
	SBI日本高配当株式（分配）ファンド（年4回決算型）	投信	0.099%	4.57%（予想値）	—	—	—	—
	日経平均高配当利回り株ファンド	投信	0.693%	4.10%	36.81%	25.84%	12.27%	—
2564	グローバルX MSCIスーパーディビィデンド-日本株式ETF	日本ETF	0.429%	4.10%	30.85%	22.26%	—	—
1489	NEXT FUNDS 日経平均高配当株50指数連動型上場投信	日本ETF	0.308%	3.64%	39.04%	30.30%	17.14%	—
1577	NEXT FUNDS 野村日本株高配当70連動型上場投信	日本ETF	0.352%	3.38%	34.74%	22.17%	12.21%	8.87%
1698	上場インデックスファンド日本高配当（東証配当フォーカス100）	日本ETF	0.308%	3.12%	31.81%	22.68%	13.59%	10.04%
2529	NEXT FUNDS 野村株主還元70連動型上場投信	日本ETF	0.308%	3.00%	30.15%	19.89%	—	—
1494	One ETF 高配当日本株	日本ETF	0.308%	2.98%	32.05%	19.60%	13.17%	—
SPYD	SPDRポートフォリオS&P 500高配当株式ETF	米国ETF	0.07%	4.66%	9.09%	22.24%	12.82%	—

HDV	iシェアーズ　コア米国高配当株ETF	米国ETF	0.08%	3.82%	8.23%	21.28%	13.39%	10.92%
DVY	iシェアーズ好配当株式ETF	米国ETF	0.38%	3.82%	7.60%	22.96%	15.17%	12.10%
VYM	バンガード・米国高配当株式ETF	米国ETF	0.06%	3.12%	13.40%	22.46%	16.59%	12.70%

テーマ型投資信託・ETF

投資信託には「**テーマ型**」と呼ばれるものがあります。テーマ型投資信託は、特定のテーマに合致した銘柄で資産運用を行う投資信託です。多くは株式を投資対象にしています。

例えば「テック企業」「半導体企業」「環境企業」「製薬業」などさまざまなテーマがあります。テーマ型投資信託のメリットは、投資対象がわかりやすいことや、多くがアクティブファンドであることから高リターンが期待できることです。

NISAの成長投資枠で買えるテーマ型とアクティブ型投資信託・ETFは次のとおりです。

4-11-6 テーマ型/アクティブ等

コード	ファンド名	種類	信託報酬	分配金利回り	リターン			
					1年	3年	5年	10年
	<購入・換金手数料なし>ニッセイSOX指数インデックスファンド（米国半導体株）	投信	0.1815%	なし	―	―	―	―
	iFreeNEXT FANG+インデックス	投信	0.7755%	なし	110.14%	23.68%	37.43%	―
2243	グローバルX半導体ETF	日本ETF	0.4125%	なし	―	―	―	―
2244	グローバルX USテック・トップ20 ETF	日本ETF	0.4125%	なし	―	―	―	―
SMH	ヴァンエック・半導体株ETF	米国ETF	0.35%	0.60%	84.48%	30.97%	39.96%	28.74%
CLOU	グローバルXクラウド・コンピューティングETF	米国ETF	0.68%	なし	50.41%	4.27%	―	―

NISAで買える銘柄とパフォーマンスについてみてきました。次の章から、実際に何を購入するか、投資戦略を考えていきましょう。

NISAでの投資戦略を考えよう

成長投資枠こそ新NISAの醍醐味です。投資家の状況、年齢によって戦略が変わるので、投資戦略を考える上で必要な知識を先に身につけましょう。

配当金・分配金の受取に関する税金は？

NISAで免除されない税金がある

NISAは投資で得た利益が免除になる制度です。しかし、免除されない税金もあるので注意が必要です。

NISA口座で購入した金融商品は、日本での利益や配当金・分配金に対しては免除されます。しかし、**外国株の配当金・分配金にかかる税10%は非課税になりません**。

一般に、株式投資の配当金・分配金には約20%の税金がかかります。これは日本株のケースです。外国株の配当金・分配金は、投資先の国で課税されます。例えば米国株や米国ETFの配当金・分配金には米国内で10%の税率で源泉徴収されます。その上で、日本国内でも約20%の税金がかかります。

配当金・分配金の税金は、特定口座（源泉徴収あり）の場合は20.315%（所得税15.315%、住民税5%）の税率で「申告分離課税」として源泉徴収されます。確定申告を行う場合は、「**総合課税**」「**申告分離課税**」の選択ができます。

総合課税とは、給与所得も含むすべての所得を合計して課税する方式です。所得税の税率は超過累進税率で、所得の金額に応じて5%～45%課せられます。住民税は一律10%です。課税所得（年収から控除を引いた金額）が695万円以下の人は、総合課税で確定申告をして配当控除を受ける方法がもっとも税金を少なくできますが、説明を簡単にするためにここでは「**申告分離課税**」で源泉徴収された場合を、特別口座（源泉徴収あり）とNISA口座のケースにわけて紹介します。

特定口座（源泉徴収あり）の場合

繰り返しになりますが、外国株の配当金・分配金はその国で**10%の税**が徴収されます。さらに日本の税金が20.315%かかるため、最終的に受け取る**利益は71.7%**になります。

ただし、**確定申告**することでその外国税（10%）を還付してもらうことができます。

5-1-1 特定口座（源泉徴収あり）で外国株へ投資した場合

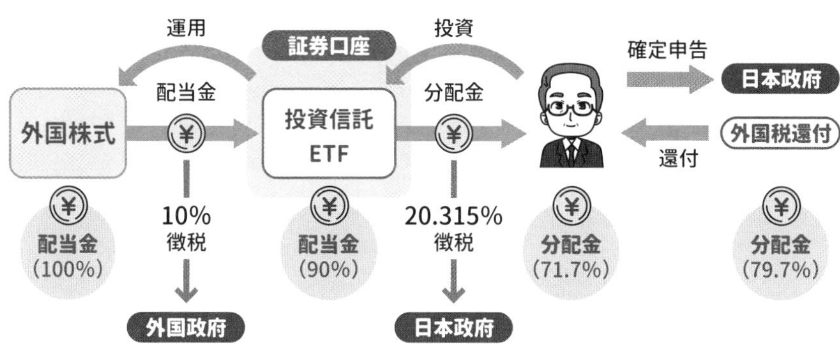

なお、2020年から「**二重課税調整制度**」が実施されています。二重課税調整の対象になっている投資信託やETFは確定申告しなくても、日本での所得税徴収の際に自動的に調整され、最終的な配当金が同じになります。

NISA口座の場合

NISAは投資で得た利益が非課税になる制度なので、NISA口座で買った金融商品の配当金には日本での所得税が発生しません。

しかし、外国株の配当金・分配金に課税される10%は非課税にはならないので、最終的な**受取は90%**になります。

5-1-2　NISA口座で外国株へ投資した場合

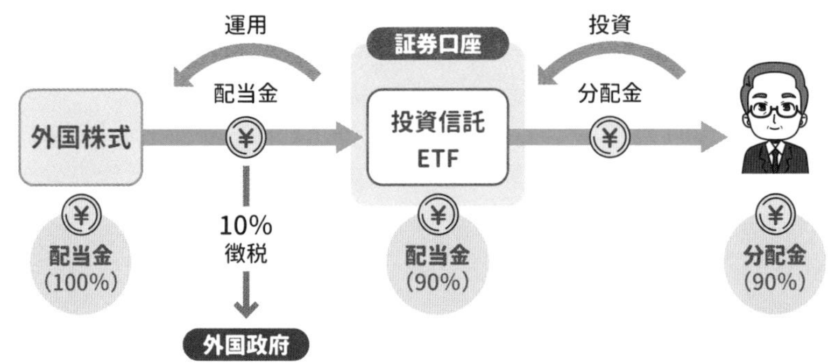

日本株に投資する投資商品の配当金・分配金の場合、NISA口座で購入したものは**100%受け取る**ことができます。

元本が1,200万円で、配当利回り4%の金融商品を想定し、日本株（NISA・課税）・米国株（NISA・課税・課税確定申告）のそれぞれのケースで、実質受取配当利回りを計算してみました。

5-1-3 元本1,200万円(成長投資枠)・4%利回り・配当金が年48万円の場合の実質受取配当金の例

		配当金	外国税(10%)	日本税(20.315%)	還付	手取り配当金	受取率	実質利回り
NISA口座	日本株	48万円	―	―	―	48.0万円	100%	4.00%
	外国株	48万円	4.8万円	―	―	43.2万円	90%	3.60%
課税口座	日本株	48万円	―	9.8万円	―	38.2万円	79.7%	3.19%
	外国株	48万円	4.8万円	8.7万円	―	34.4万円	71.7%	2.87%
	外国株確定申告	48万円	4.8万円	8.7万円	3.8万円※	38.2万円	79.7%	3.19%

※ 源泉徴収分がすべて還付されたと仮定(年収と配当金額によって異なる)

日本株のNISA口座は、4%の配当を全額手にできます。次がNISA口座の外国株で、米国で源泉徴収される10%を引いた残り、3.6%(90%)を受け取れます。

課税口座の場合、日本株と外国株(確定申告)は同額になります。外国株の源泉徴収分は確定申告によって還付を受けられるためです。もっとも受け取りが少ないのは、課税口座の外国株で確定申告をしなかったケースです。

配当金を受け取る場合、NISA口座で購入すると非課税になります。しかし、**外国株への投資の場合は二重課税ではなくなる**ため、確定申告による還付がなくなって非課税のメリットが少なくなります。日本株へ投資する商品の方が、分配金・配当金を受け取る場合は有利になることを念頭に置いておきましょう。

02

投資信託での分配金再投資って？

投資信託で「分配金コース」の選択があります。「受取型」と「再投資型」のどちらを選んだらいいのでしょうか？

投資信託から出た分配金をどう処理するかの選択ですね。再投資型は、分配金の再投資を証券会社が自動でやってくれます。

「受取型」を選択すると、投資信託で出た分配金をその都度受け取れます。「再投資型」を選択すると、分配金の再投資を証券会社が自動で行います。

分配金コースは、後からでも変更可能です。変更方法は証券会社によって異なります。ここでは、大手「SBI証券」「楽天証券」「マネックス証券」で確認してみます。

SBI証券

SBI証券の場合、分配金コースの選択は購入時に行います。注意が必要なのは、既に同じ投資信託を保有している場合は、同じ設定しか選択できない点です。

分配金コースは購入後も変更できます。特定口座とNISA口座で保有している場合、**両方とも変更**になります。

5-2-1　SBI証券の分配金コースの確認・変更

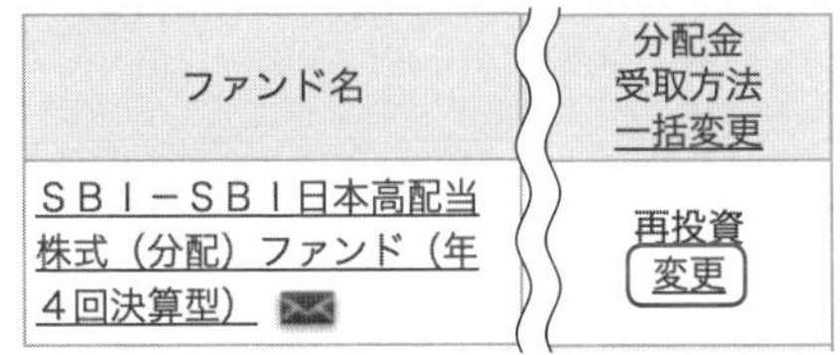

ファンド名	分配金受取方法一括変更
ＳＢＩ－ＳＢＩ日本高配当株式（分配）ファンド（年４回決算型）	再投資 変更

楽天証券の場合

楽天証券も、分配金コースは購入時に選ぶことができます。SBI証券とは異なり、すでに同じ投資信託を保有している場合でも、**異なる分配金コースを選ぶことが可能**です。なお、同じ投資信託で異なる分配金コースを選択した場合、**二つの別の投資信託**を持っている形で運用されます。

分配金コースは購入後に変更することもできます。変更後の投資信託をすでに所有している場合は、1つにまとめられます。

5-2-2　楽天証券の分配金コースの確認・変更

買い 売却	アライアンス・バーンスタイン・米国成長株投信Dコース毎月決算型(為替ヘッジなし)予想分配金提示型	受取型
買い 売却	アライアンス・バーンスタイン・米国成長株投信Dコース毎月決算型(為替ヘッジなし)予想分配金提示型	再投資型

マネックス証券

マネックス証券の場合は、購入時のコース選択に注意が必要です。

投資信託を購入する際に「**分配金再投資コース**」を選択すると、購入後に分配金の受け取り方法を**変更できます**。購入時に「受取コース」を選ぶと、分配金の受け取り方法の変更はできません。

投資信託購入時に「分配金再投資コース」を選択し、ファンドの分配金受取方法として「分配金を受け取る（再投資の停止）」を選択すると、分配金再投資コースで保有していても分配金の再投資は行われず、分配金を受け取ることになります。

5-2-3　マネックス証券の分配金コースの確認・変更

銘柄	口座区分 預り区分	基準価額（円） 前日比	分配金の 取扱い
アライアンス・バーンスタイン・米国成長株投信Dコース毎月決算型（為替ヘッジなし）予想分配金提示型	特定 普通預り	11,947 +221	受取コース
アライアンス・バーンスタイン・米国成長株投信Dコース毎月決算型（為替ヘッジなし）予想分配金提示型	特定 普通預り	11,947 +221	再投資コース 再投資中 （変更）

分配金再投資の流れ

投資信託の分配金再投資を選んだ場合、実際にどのように再投資されるかを説明します。

分配金にかかる税金は前節で説明したとおりです。日本株に投資する投資信託の場合、特定口座（源泉徴収あり）だと約20%の税金がかかります。つまり分配金の約80%が同じ銘柄に再投資（同じ銘柄を買い増し）されます。

米国株などの外国株に投資する投資信託の場合は、投資先の国で10%源泉徴収された上、日本国内で約20%課税されます。税金を差し引かれたあと（約72%）の分配金が同じ銘柄に再投資（同じ銘柄を買い増し）されます。

特定口座（源泉徴収あり）の場合

- 日本株への投資

  分配金 ➡ 日本税（20.315%）➡ 同じ銘柄に再投資
- 外国株への投資

  分配金 ➡ 外国税（10%）➡ 日本税（20.315%）「二重課税調整」

  ➡ 同じ銘柄に再投資

  ※「二重課税調整」は支払った外国税分を引いて日本国内の税を自動的に計算するもの

NISA口座の場合は非課税なので、日本株の投資信託の場合は分配金が100%再投資（同じ銘柄を買い増し）されます。

外国株の場合は、外国税10%が源泉徴収された後、分配金の90%が再投資（同じ銘柄を買い増し）されます。

NISA口座の場合

- 日本株への投資

  分配金 ➡ 同じ銘柄に再投資
- 外国株への投資

  分配金 ➡ 外国税（10%）➡ 同じ銘柄に再投資

つみたて投資枠で保有する投資信託の再投資の場合、年間の非課税枠が不足するケースでは「つみたて投資枠」「成長投資枠」「特定口座」の順に再投資されます。

成長投資枠で保有する投資信託の再投資の場合は、成長投資枠の年間非課税枠が不足しているケースでは特定口座で再投資されます。

03

投資信託とETFのどちらを買えばいいの？

投資信託とETFはどちらを買った方がいいんでしょう？

ETFの方が手数料が安く見えますが、配当込みのパフォーマンスはほとんど変わりません。投資信託とETFの配当金について解説します。

パフォーマンスに大きな差はない

投資信託とETFを比較すると、パフォーマンスに差があまりないことに気づきます。

手数料だけを見るとETFが安く見えますが、配当込みのパフォーマンスはほとんど変わりません。分配金が出ない投資信託は内部で再投資しているため、多少手数料が高くてもトータルパフォーマンスではそれほど差がつかない傾向にあります。

分配金を出さない投資信託の場合、内部で**配当金再投資**が行われます。組入銘柄から配当金が出た際、構成割合から調整され再投資し、基準価額に反映されます。外国株が投資先の投資信託の場合、再投資時に**税10%が徴収**されますが、課税口座での購入であっても**日本での税金20.315%はかかりません。**

5-3-1　組入銘柄から配当金

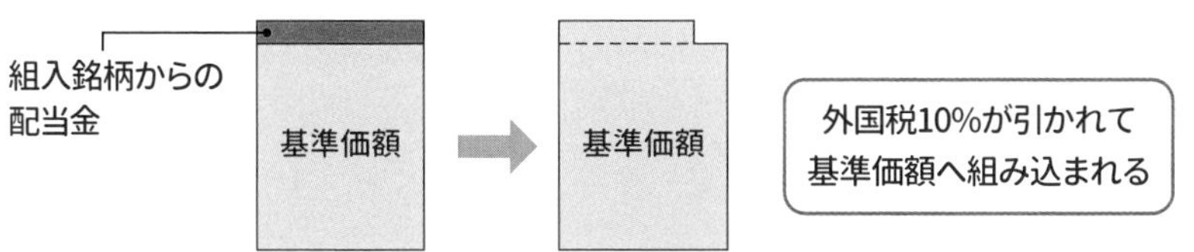

実際に、分配金受取型と分配金再投資型でパフォーマンスを比較してみましょう。

S&P500に連動する投資信託（eMAXIS Slim米国株式）とETF（VOO）を例にシミュレーションしてみました。VOOはドルベースなので、為替を考慮して円ベースに変換し、分配金を再投資した場合と受け取った場合で比較しました。

eMAXIS Slim S&P500が設定されたのが2018年7月なので、2019年1月から2023年12月まで5年間のデータで比較しています。

投資信託の方は2019年1月を起点（0）にした場合、2023年12月では+163.0%（年率21.3%）になりました。

ETFの方は、分配金再投資が+165.2%（年率21.5%）、分配金受け取りの方が+143.6%（年率19.5%）という結果になりました。

5-3-2　投資信託とETFの比較

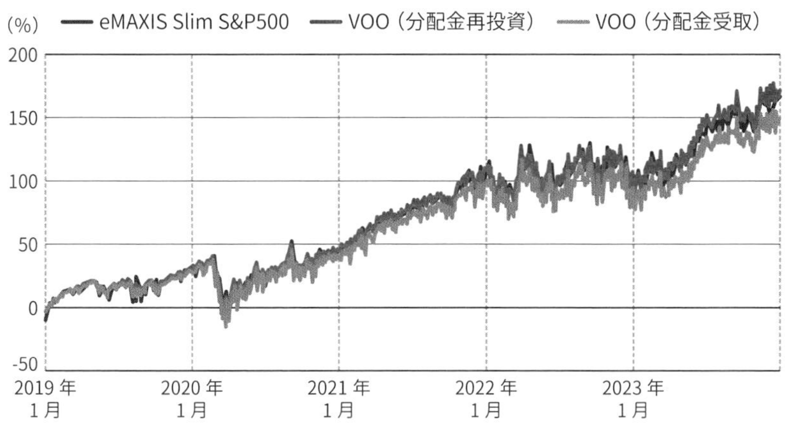

- **投資信託**：+163.0%（年率21.3%）
- **ETF（分配金再投資）**：+165.2%（年率21.5%）
- **ETF（分配金受取）**：+143.6%（年率19.5%）

分配金受け取りのパフォーマンスが落ちるのは当然ですが、分配金再投資のETFと投資信託はほとんど同じです。

ETFの分配金再投資の方がパフォーマンスが若干良いように見えますが、実際にはこの通りになりません。理由は次のとおりです。

- 分配金が支払われるときに日本税20.315%が発生し、購入金額が減ります。ただし、NISA口座の場合は発生しません。
- 分配金でETFが購入できない場合があります。ETFは通常1株単位での購入が必要なため、分配金の支払いが1株の購入可能代金に満たない場合、購入できません。また、端数が残ってしまいます。

再投資の手間などを考慮すると投資信託

さらに、NISA口座を使うと、再投資の際にNISAの投資枠を使うため、年末やNISA枠を使い切った後に再投資ができなくなる問題も発生します。ETFの場合は自動再投資のサービスはないため、手動で再投資を行うという手間も考えると、**投資信託での投資がベストチョイス**になるでしょう。

自動再投資による資産拡大では投資信託が効率的ですが、投資状況によっては分配金を受け取って生活を潤すことがよりよい選択になることもあります。その場合はETFの購入も選択肢に入ります。

信託報酬（手数料）が及ぼすパフォーマンスの違い

インデックス投資信託・ETFを選ぶ際に、信託報酬（手数料）が安い方が良いのはわかります。それ以外に注意する点はあるでしょうか？

新NISAが始まり、各社顧客獲得合戦が始まってどんどん手数料が安くなるのは良いことですが、どの点に注意すれば良いか確認してみましょう。

信託報酬によるリターンの違いを計算

新NISAで投資人口の拡大が期待され、顧客獲得のために信託報酬（手数料）が低い投資信託が出て来ています。

ここではまず、手数料の違いによるパフォーマンスの差を計算してみましょう。

次ページに代表的なインデックス投資信託（ETF）の信託報酬と、5年～30年の運用リターンを表にしてみました。**月5万円を積立投資**し、**年利7%**で運用した場合です（投資金額の総額は1,800万円）。

また、信託報酬が0.1%、0.3%、1%のケースで、それぞれパフォーマンスを比較できるように計算してみました。

5-4-1 月5万円、年利7%で運用した場合の信託報酬による5〜30年リターンの違い

信託報酬	投信・ETF参考例	5年	10年	15年	20年	25年	30年
0.03%	VOO	358万円	859万円	1,560万円	2,543万円	3,920万円	5,848万円
0.0561%	楽天 オルカン	357万円	858万円	1,557万円	2,536万円	3,905万円	5,820万円
0.05775%	eMAXIS Slim オルカン	357万円	857万円	1,557万円	2,535万円	3,904万円	5,818万円
0.07%	VT	357万円	857万円	1,555万円	2,532万円	3,897万円	5,805万円
0.077%	楽天S&P500	357万円	857万円	1,554万円	2,530万円	3,893万円	5,797万円
0.09372%	eMAXIS Slim S&P500	357万円	856万円	1,552万円	2,525万円	3,883万円	5,779万円
0%		358万円	860万円	1,564万円	2,552万円	3,937万円	5,880万円
0.1%		**357万円**	**856万円**	**1,552万円**	**2,523万円**	**3,879万円**	**5,773万円**
0.3%		355万円	847万円	1,526万円	2,466万円	3,766万円	5,564万円
1.0%		349万円	816万円	1,442万円	2,278万円	3,398万円	4,896万円

リターンの差が最大になるのは投資期間がもっとも長いケースなので、30年後のトータルリターンで比較してみます。

信託報酬0.1%をベースに0.3%と1%を比較すると、0.3%は0.1%に比べて209万円少なく、1%は877万円低い計算になりました。

投資総額1,800万円を年利7%で30年運用すると、信託報酬の差がパフォーマンスに大きく影響するのがわかります。一番安いVOOの0.03%と比較すると、1%は1,000万円以上の差が出ています。

0.1%以下の投資信託・ETFを選ぼう

理想は信託報酬が0.1%の投資信託・ETFを選ぶことです。前ページの表の代表的な投資信託・ETFは信託報酬が0.1%未満です。**最低でも0.3%以下**の商品を選びましょう。

ただし、信託報酬はある程度の水準（例では0.1～0.3%）以下であれば、過剰に求める必要はありません。投資信託は手数料の低コスト化が激化していますが、30年後のリターンを比較してもこのように僅差です。

- **全世界**　「楽天オルカン」と「eMAXIS Slim オルカン」の差は**2万円**
- **S&P500**　「楽天S&P500」と「eMAXIS Slim S&P500」の差は**18万円**

手数料の差よりも、インデックスとの**トラッキングエラー**（ベンチマークとなる指標と、投資信託・ETFの運用結果の差）の方が、リターンへの影響が大きくなる可能性が高いため、0.1%以下の手数料の差はさほど気にしなくても良いでしょう。

05

毎月いくら投資できるか考えよう

毎月どのくらい投資しようか考えてます。趣味や旅行にも使いたいので、まずは少額から始めたいので、目安になる金額はありますか？

投資期間が長い若い世代の場合、長期間の積立投資がリスクも少なく高リターンを期待できる投資法です。新NISAはすべてをつみたて投資枠として使えます。毎月の投資金額を考えてみましょう！

新NISAにはつみたて投資枠（年間120万円）と成長投資枠（年間240万円）がありますが、総額1,800万円すべてをつみたて投資枠で使えます。

その場合、毎月の投資上限額は10万円で、1,800万円の上限に達するのに必要な年数は15年になります。

次ページに、毎月の投資額から計算するNISAでの投資額とリターンの表を掲載しました。年利は**7%**、つみたて投資枠で1,800万円を埋めてしまうことを想定しています（1,800万円の枠を埋めたら、後は運用のみ）。

現在（つみたて投資開始）30歳で、資産を切り崩し始める年齢を35年後の65歳と設定しました。毎月投資額を1万円、5万円、6万円、7.5万円、10万円と想定した場合のシミュレーションです。

成長投資枠も併用しながら月10万以上つみたて投資をして最速でNISA枠を使い切るケースも記載しています。

補足ですが、本書でのシミュレーションはすべて毎月の積立を想定しており、年利を月利に置き換えて計算しているため、他のシミュレーションサイトとは多少違う結果となり、より実際に近い値になっています。

5-5-1　月の投資額からのリターン計算値（年利7%で計算）

元金1,800万円までは積立、その後は運用のみ

月投資額		5年（35歳）	10年（40歳）	15年（45歳）	20年（50歳）	25年（55歳）	30年（60歳）	35年（65歳）
1万円	元金	60万円	120万円	180万円	240万円	300万円	360万円	420万円
	総額	72万円	172万円	313万円	510万円	787万円	1,176万円	1,721万円
5万円	元金	300万円	600万円	900万円	1,200万円	1,500万円	**1,800万円**	
	総額	358万円	860万円	1,564万円	2,552万円	3,937万円	5,880万円	8,247万円
6万円	元金	360万円	720万円	1,080万円	1,440万円	**1,800万円**		
	総額	430万円	1,032万円	1,877万円	3,062万円	4,725万円	6,627万円	9,294万円
7.5万円	元金	450万円	900万円	1,350万円	**1,800万円**			
	総額	537万円	1,290万円	2,346万円	3,828万円	5,369万円	7,530万円	10,562万円
10万円	元金	600万円	1,200万円	**1,800万円**				
	総額	716万円	1,720万円	3,129万円	4,388万円	6,155万円	8,632万円	12,107万円
15万円 成長投資枠	元金	900万円	**1,800万円**					
	総額	1,074万円	2,580万円	3,619万円	5,076万円	7,119万円	9,985万円	14,004万円
30万円 成長投資枠	元金	**1,800万円**						
	総額	2,148万円	3,013万円	4,225万円	5,926万円	8,312万円	11,658万円	16,351万円

毎月1万円つみたて投資するケースでは、35年間投資し続けると、投資総額（元金）は420万円になります。年率7%の場合、35年後には総額1,721万円になります。

毎月5万円の場合は、60歳時点で**1,800万円の投資が終了**、その時点で

の総額は**5,880万円**になります。65歳までの5年間は追加投資せず運用のみを続けると、総額**8,247万円**になります。

ちなみに毎月10万円投資で15年でNISA枠を使い切る、つみたて投資枠のみを最速で埋めるケースでは、65歳時点で1億2107万円になっている計算になりました。

しかし、実際には年齢によって投資できる額が変わってきます。若いうちには収入が少なく投資額も少額ですが、高齢になって投資に回す余裕が増えてくることはよくあるパターンです。収入増加に連れて投資額を増やしていくパターンを確認しましょう。

30歳から投資をスタートし最初の10年は月1万円、40代は月3万円、50代は月5万円、60代（5年間）は月10万円と毎月の投資金額を上げていきます。シミュレーション結果を次の表にしました。

5-5-2　徐々に毎月の投資金額を上げた場合

月投資額		5年（35歳）	10年（40歳）	15年（45歳）	20年（50歳）	25年（55歳）	30年（60歳）	35年（65歳）
1万円	元金	60万円	120万円					
	総額	72万円	172万円	241万円	338万円	475万円	666万円	934万円
3万円	元金			180万円	360万円			
	総額			215万円	516万円	724万円	1,015万円	1,424万円
5万円	元金					300万円	600万円	
	総額					358万円	860万円	1,206万円
10万円	元金							600万円
	総額							716万円
合計	元金	60万円	120万円	300万円	480万円	780万円	1,080万円	1,680万円
	総額	72万円	172万円	456万円	854万円	1,556万円	2,541万円	**4,280万円**

65歳までに、NISA枠をほぼ埋めてしまうのに近い**1,680万円**の投資ができ、総額**4,280万円**になる計算になります。

補足ですが、逆に最初の10年を10万円投資からスタートして徐々に減らしていくと、次の表のように20年（50歳）でNISA枠を埋めることができ、65歳時点では1億1,709万円になります。

5-5-3　**徐々に毎月の投資金額を下げた場合**

月投資額		5年（35歳）	10年（40歳）	15年（45歳）	20年（50歳）	25年（55歳）	30年（60歳）	35年（65歳）
10万円	元金	600万円	1,200万円					
	総額	716万円	1,720万円	2,413万円	3,384万円	4,746万円	6,657万円	9,336万円
5万円	元金			300万円	600万円			
	総額			358万円	860万円	1,206万円	1,692万円	2,373万円
合計	累計元金	600万円	1,200万円	1,500万円	1,800万円	1,800万円	1,800万円	1,800万円
	総額	716万円	1,720万円	2,771万円	4,244万円	5,952万円	8,349万円	**11,709万円**

44ページで解説した複利効果によって、投資初期にできるだけ多くの資金を投資することが、もっとも高いパフォーマンスを引き出します。

とはいえ、多くの人は年齢が上がるに連れて収入が上がるでしょうから、生活に無理のない範囲で投資しましょう。可能であれば、臨時収入やボーナスが出た場合に、一部を投資に回すことも検討してください。

30歳から投資開始して、65歳まで運用を想定

- 毎月5万円、30年投資し、5年は運用のみの場合
  投資額1,800万円、総額8,247万円
- 毎月1、3、5、10万円と10年置きに投資額を増加した場合
  投資額1,680万円、総額4,280万円

なお、ここまでのシミュレーションは年利7%で計算しましたが、次の表は毎月1万円投資を35年間続けた場合（投資元本420万円）で、年利を0

〜10%までそれぞれのケースでリターンを計算したものです。

5-5-4　月1万円投資した場合の年利の違いによるリターン

年利	5年（35歳）	10年（40歳）	15年（45歳）	20年（50歳）	25年（55歳）	30年（60歳）	35年（65歳）
0%	60万円	120万円	180万円	240万円	300万円	360万円	420万円
3%	65万円	140万円	227万円	328万円	445万円	580万円	737万円
5%	68万円	155万円	266万円	407万円	588万円	819万円	1,113万円
7%	72万円	172万円	313万円	510万円	787万円	1,176万円	1,721万円
10%	77万円	201万円	402万円	724万円	1,243万円	2,079万円	3,426万円

30歳から65歳まで毎月1万円ずつ投資した場合の投資元本は420万円です。投資元本420万円は変わらず、35年間毎月均等に投資した場合と、最初の5年間に集中投資してその後放置した場合のリターンの差を計算してみました。

5-5-5　毎月1万円を35年積み立てた場合

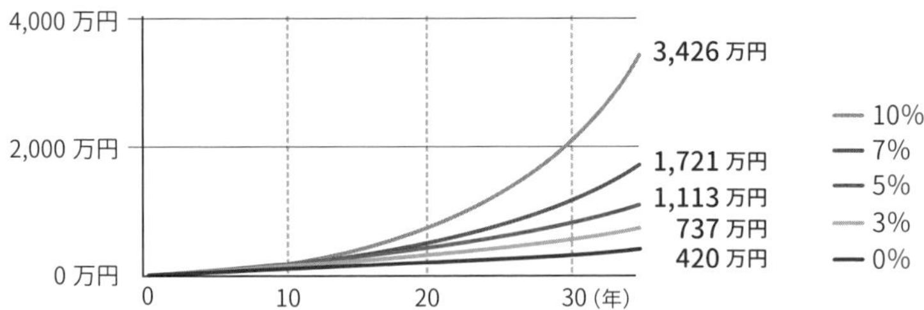

年利	35年後の金額	利益
10%	3,426万円	3,006万円
7%	1,721万円	1,301万円
5%	1,113万円	693万円
3%	737万円	317万円
0%	420万円	0万円

5-5-6 毎月7万円を5年積み立て、その後30年は運用のみの場合

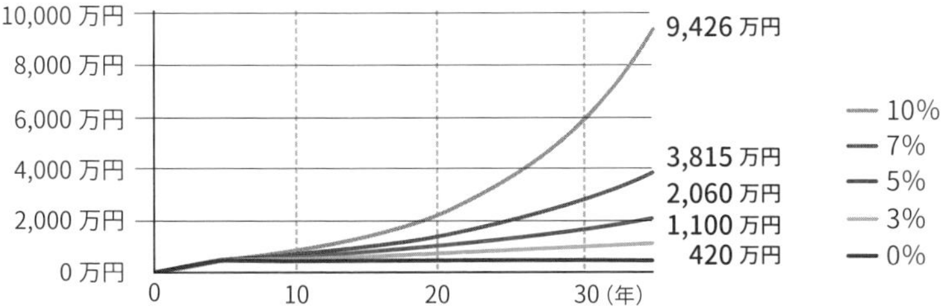

年利	35年後の金額	利益
10%	9,426万円	9,006万円
7%	3,815万円	3,395万円
5%	2,060万円	1,640万円
3%	1,100万円	680万円
0%	420万円	0万円

年利を0〜10%でそれぞれ計算しましたが、リターンに大きな差が出ています。

先ほども解説しましたが、**投資初期に多めの積み立て**をした方が、複利効果を大きく受けられ、リターンが大きくなることがわかります。

これらを踏まえて、どのような投資プランを立てるべきかを考えます。

- 投資額が少ない場合、毎月百円、千円、1万円でもはじめてみる
- できるだけ初期に多めに投資した方が良いので、ボーナスを活用してみる
- 状況や年齢によって毎月の投資額を増やしたり、減らしたりする

これらを意識してはじめてみましょう。

投資金額を倍にする年数を利回りから簡単に計算する方法

利回りをもとに、投資金額がどれくらいの期間で増えるかを簡単に計算する方法があります。

72の法則、115の法則、126の法則

利回りから、投資資金を2倍にする方法を簡単に計算できます。「72」を利回りで割ると、投資資金を倍にするだいたいの年数がわかります。これを「**72の法則**」と呼びます。

> **計算式** 72÷利回り（%）＝投資期間（年数）

年利3%で運用した場合は、投資資金を2倍にするのにかかる期間は、72÷3で約24年です。

年利7%で運用した場合は、72÷7で約10.2年かかります。

同様に、投資金額が3倍になる期間は、「115÷利回り」で計算できます（**115の法則**）。年利3%で運用した資金が3倍になるのは、115÷3で38年余り、7%の場合は115÷7で約16.4年かかります。

ちなみに、積み立て投資で投資資金が2倍になる期間は、「126÷利回り」で計算できます（**126の法則**）。年利3%の場合、積み立て投資であれば資金が倍になるのは126÷3で42年後という計算になります。

インデックス投資信託の過去のリターンで比較

米国株や全世界株のインデックス投資信託の過去のリターンを調べ、投資金額が2倍・3倍になる期間と、積み立て投資で2倍になる期間を計算してみました。

S&P500の過去36年平均リターンは年率10%です。MSCIオールカント

リー（オルカン）は年率7%、ナスダックは14.7%でした。

このデータをもとに、72の法則、115の法則、126の法則に当てはめてみたのが次の表です。

5-5-7　各インデックスで投資資金が2倍・3倍、積み立てで2倍になる期間

運用利回り		72の法則 2倍になる期間	115の法則 3倍になる期間	126の法則 積立て2倍になる期間
1%		72.0年	115.0年	126.0年
3%		24.0年	38.3年	42.0年
5%		14.4年	23.0年	25.2年
7%	オルカン	10.3年	16.4年	18.0年
10%	S&P500	7.2年	11.5年	12.6年
14.7%	ナスダック	4.9年	7.8年	8.6年

もっとも利回り実績の低いオルカンで、投資資金の2倍になるのが約10.3年、3倍になるのが約16.4年、積み立て投資で2倍になるのが約18年です。

S&P500は2倍になるのが約7.2年、3倍になるのが約11.5年、積み立て投資で2倍になるのが約12.6年です。

ナスダックは14.7%と高利回りなので、2倍になるのが約4.9年、3倍になるのが約7.8年、積み立てで2倍になるのが約8.6年と非常に短い期間でした。

もちろん、これは過去のリターンの成果をもとに計算したもので、今後この利回りで運用できる保証はありません。しかし、運用の参考にはなりますので、自身の投資計画の参考にしてみてください。

「NISA枠の復活」を有効に活用しよう

新NISAは投資枠が復活する

従来のNISAでは、非課税枠を使用すると、枠内で購入した金融商品を売却しても、非課税枠を再度使用することはできませんでした。

しかし、新NISAでは金融商品を売却すると、簿価（元本：投資した額）ベースで**投資枠が復活**します。なお、年間非課税投資上限のつみたて投資枠120万円、成長投資枠240万円、計360万円は超えることができません。

人生設計の中で、一時的に資金が必要になるケース（マイホームの頭金、子どもの学資など）を想定して、NISA枠で購入した金融商品を売却して資金を調達することが可能です。

その際に、同じ投資信託を持っておくよりも、売却用の投資信託を別に作った方が得な場合があります。ここではそのケースについて解説します。次のような人生設計をしているとします。

例

20歳から毎月5万円投資、7%で運用し、15年後の35歳にマイホームの頭金としてNISAの一部売却を検討する

この例では、投資開始から15年間、毎月5万円を投資して、900万円分NISA枠を使っています。15年後にマイホーム購入の頭金にするため一部を売却する予定です。

1銘柄に集中投資か、複数銘柄に分散するか

ある時期に投資銘柄を売却する可能性がある場合、複数の銘柄に分けて投資しておいた方がお得に利用できます。必要資金が一定である場合、売却分の利益が少ない（元本の金額が多い）ほど、復活する投資枠が大きくなるからです。

同じリターン（年率7%）を出している投信A、投信B、投信Cがあるとします。投資金額は同じ（毎月5万円、15年間で900万円）で、15年の投資終了後に、住宅ローンの頭金として358万円分を売却します。

1銘柄（投信A）に15年投資し続けた場合（Case1）と、最初の10年を投信Bで積み立てし、11年目から投信Cに変更した場合（Case2）でシミュレーションしてみました。

Case1とCase2いずれも投資金額は900万円、利益は664万円になります。しかし、Case1は1銘柄に投資しているため、売却分358万円に締める利益が152万円になります。つまり元本は206万円で、これが復活するNISA枠になり、**残りNISA枠は1,106万円**になります。

Case1：1銘柄に集中投資した場合

投信A：月5万円、年率7%で積立

- 15年後、元本900万円、総額1,564万円（利益664万円）
- **358万円売却**すると元本694万円、総額1,206万円が残る（358万円の内訳は元本206万円、利益152万円）
- **NISA枠は206万円復活して1,106万円**

5-6-1 1銘柄に15年投資

		1年	2年	…	15年	売却	売却後
NISA投資枠		1,740万円	1,680万円		900万円		**1,106万円**
投信A	元本	60万円	120万円		900万円		694万円
	総額	62万円	129万円		1,564万円	358万円	1,206万円
	利益率	3.75%	7.38%		73.81%		73.81%

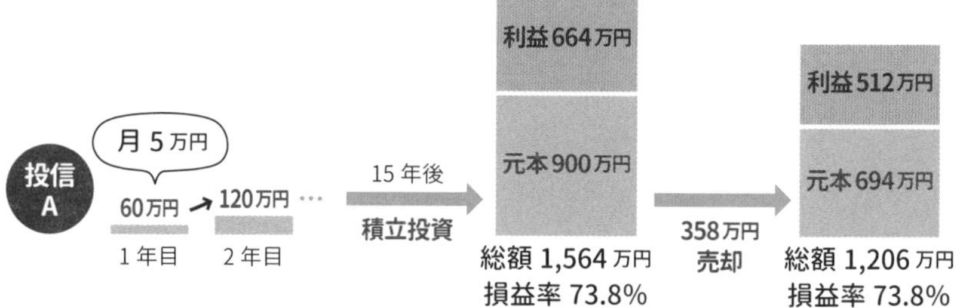

一方、10年間投信Bに投資して、11年目から15年目まで投信Cに投資したCase2では、投信Cを売却することで、利益率の低い商品を売却、NISA枠をより多く復活させることができます。具体的には358万円のうち元本は300万円で利益が58万円です。元本300万円分がNISA枠復活分になり、**残りNISA枠は1,200万円**になります。

Case2：積立投資10年後に同じ指数の別銘柄で投資

投信B：月5万円、年率7%で積み立て、10年以降は運用のみ
投信C：10年以降、月5万円、年率7%で積立

- 15年後の投資金額合計はCase1と同じ、元本900万円（投信Bに600万円、投信Cに300万円）、総額1,564万円（利益664万円。投信Bが606万円、投信Cが58万円）
- 投信Cの**358万円分すべてを売却**。投信Bだけが残り元本600万円、総額1,200万円が残る
- **NISA枠は300万円復活し、1,200万円に**

5-6-2 11年目から投資先を変更した場合

		1年	…	10年	11年	…	15年	売却	売却後
NISA投資枠		1,740万円		1,200万円	1,140万円		900万円		**1,200万円**
投信B	元本	60万円		600万円	600万円		600万円		600万円
	総額	62万円		860万円	920万円		1,206万円		1,206万円
	利益率	3.75%		43.35%	53.38%		101.05%		101.05%
投信C	元本				60万円		300万円		
	総額				62万円		358万円	358万円	0万円
	利益率				3.75%		19.33%		

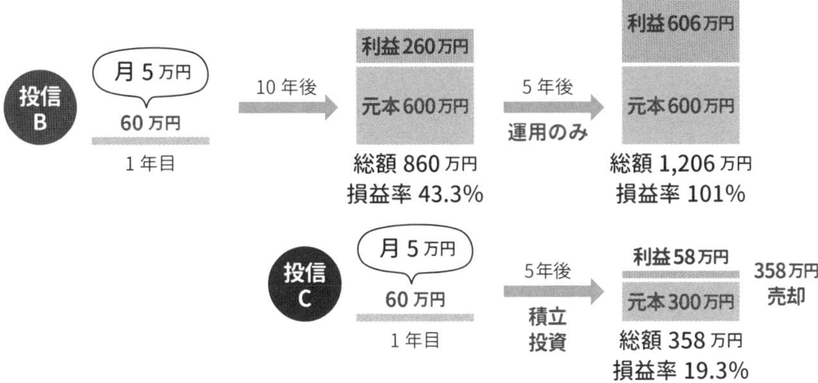

Case1とCase2で、復活するNISA枠が**約100万円**違います。同じインデックスと連動する複数の投資信託がある場合は、リターンは同じでも利益の割合が変わります。1,800万円の枠を有効に使うためには、このように投資先を変えておくと便利です。**+50%の利益**を超え始めた場合に投資商品を変更することを検討すると良いでしょう。

インデックス投資のリスクを知ろう

インデックス投資信託を購入し、長期で保有する投資法が、もっとも簡単で確実だと分かりました。何か他に注意することはありますか？

これまで過去のリターン実績を「年率」と表しましたが、実際の株価は上昇する一方ではなく上下があります。下がったときの心構えが必要です。

下落リスクもあることに注意

第4章（118ページ）で「インデックス投資信託は15年保有するとプラスになる」というデータを示しました。しかし、実際は15年保有できず途中で手放すこともあります。

これまでのシミュレーションでは単純に年利7%と計算していますが、実際の株価はきれいな右肩上がりではなく、上下しながら推移します。場合によっては下落局面もあります。

そのため、過去のデータを見ながら、どのぐらい変動するか、暴落に耐えられるかの心構えを行いましょう。

株価の理想と現実は、次のようなイメージです。

5-7-1 株価の理想と現実

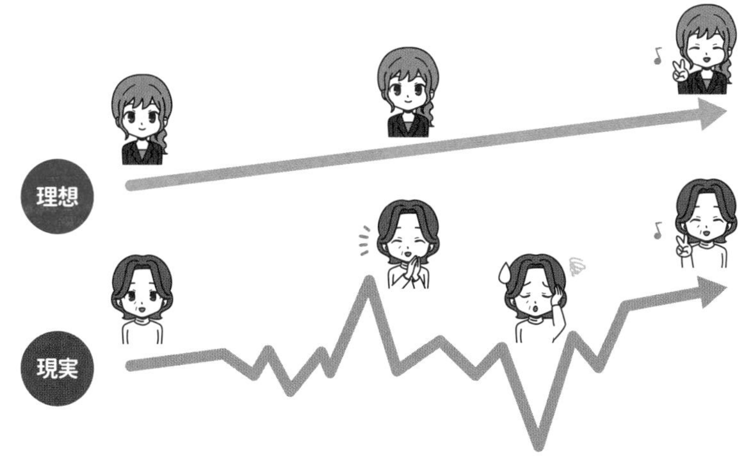

ずっと右肩上がりで推移してくれればいいのですが、現実の株価は上がったり下がったりの繰り返しで、**長期で見ると上がる**傾向にあります。

最初から長期保有で「株価は見ない」くらいの覚悟があればいいですが、実際は下がって含み損を抱えると、どうしても動揺するものです。

下落リスクを数字で認識する

その場合、「株価が下がった時に狼狽売りしない」ことが大事です。過去に、インデックスでどれだけの下落があったかを確認してみましょう。次ページに「全世界株式」「S&P500」「ナスダック」の1988年〜2023年までの各年のリターンを掲載しました。

全世界株式、S&P500、ナスダックいずれも、この期間でもっとも大きく下落したのは、2008年の「**リーマンショック**」のときでした。2008年はもっとも下落率の大きかった全世界株式で−43.54%、もっとも下落率の小さかったS&P500でも−38.49%です。

単年の最大下落は2008年ですが、2000年から2002年の「**ITバブル崩壊**」では各指数がいずれも三年連続でマイナスになっています。

5-7-2 過去のインデックスのパフォーマンス

コロナショック（2020）　ITバブル崩壊（2000〜2002）　リーマンショック（2008）

プラス　マイナス

年	全世界	S&P500	NASDAQ
2023	15.97%	24.23%	43.42%
2022	-16.95%	-19.44%	-33.10%
2021	16.80%	26.89%	21.39%
2020	14.33%	16.26%	43.64%
2019	24.05%	28.88%	35.23%
2018	-13.59%	-6.24%	-3.88%
2017	23.36%	19.42%	28.24%
2016	7.04%	9.54%	7.50%
2015	-4.26%	-0.73%	5.73%
2014	2.10%	11.39%	13.40%
2013	20.25%	29.60%	38.32%
2012	10.28%	13.41%	15.91%
2011	-6.82%	-0.00%	-1.80%
2010	10.42%	12.78%	16.91%
2009	31.51%	23.45%	43.89%
2008	-43.54%	-38.49%	-40.54%
2007	9.13%	3.53%	9.81%
2006	16.51%	13.62%	9.52%

年	全世界	S&P500	NASDAQ
2005	11.47%	3.00%	1.37%
2004	13.30%	8.99%	8.59%
2003	31.62%	26.38%	50.01%
2002	-20.51%	-23.37%	-31.53%
2001	-18.27%	-13.04%	-21.05%
2000	-14.03%	-10.14%	-39.29%
1999	25.00%	19.53%	85.59%
1998	19.93%	26.67%	39.63%
1997	12.93%	31.01%	21.64%
1996	9.80%	20.26%	22.71%
1995	19.43%	34.11%	39.92%
1994	1.72%	-1.54%	-3.20%
1993	22.12%	7.06%	14.75%
1992	-6.70%	4.46%	15.45%
1991	16.92%	26.31%	56.86%
1990	-16.65%	-6.56%	-17.81%
1989	10.51%	27.25%	19.24%
1988	23.29%	12.40%	15.40%
平均	7.18%	10.02%	14.77%

過去にどの程度の下落が起きたかを把握したら、次は下落から回復するのにどの程度の期間が必要かを見てみましょう。

もっとも長くデータが取れるS&P500を例に、25%以上の大幅な下落から、株価が回復するまでの期間を計算してみました。

5-7-3 S&P500の25%以上の下落から元に戻るまでの期間

イベント	下落開始日	下落大底日	下落大底までの期間	下落率	下落前に回復した日	下落大底から回復まで	下落開始から回復まで
世界大恐慌	1929/9/16	1932/6/01	2年8ヶ月	**-86.19%**	1954/9/22	22年3ヶ月	25年0ヶ月
	1961/12/12	1962/6/26	0年6ヶ月	**-27.97%**	1963/9/03	1年2ヶ月	1年8ヶ月
	1968/11/29	1970/5/26	1年5ヶ月	**-36.06%**	1972/3/06	1年9ヶ月	3年3ヶ月
オイルショック	1973/1/11	1974/10/03	1年8ヶ月	**-48.20%**	1980/7/17	5年9ヶ月	7年6ヶ月
	1980/11/28	1982/8/12	1年8ヶ月	**-27.11%**	1982/11/03	0年2ヶ月	1年11ヶ月
ブラックマンデー	1987/8/25	1987/12/04	0年3ヶ月	**-33.51%**	1989/7/26	1年7ヶ月	1年11ヶ月
ITバブル崩壊	2000/03/24	2002/10/09	2年6ヶ月	**-49.15%**	2007/5/30	4年7ヶ月	7年2ヶ月
リーマンショック	2007/10/09	2009/3/09	1年5ヶ月	**-56.78%**	2013/3/28	4年0ヶ月	5年5ヶ月
コロナショック	2020/2/19	2020/3/23	0年1ヶ月	**-33.92%**	2020/8/18	0年4ヶ月	0年5ヶ月
	2022/1/03	2022/10/12	0年9ヶ月	**-25.43%**	2024/1/19	1年3ヶ月	2年0ヶ月

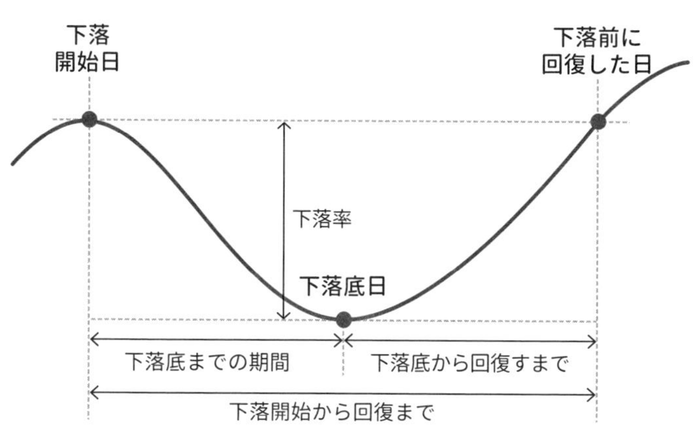

もっとも下落率が大きかったのは1929～1932年の世界大恐慌で、下落率は－86.19%でした。これが元の水準に戻ったのは1954年で、実に22年を要しています。

次に大きな下落は2007～2009年のリーマンショックで－56.78%、回復するのに4年かかっています。その次は2000～2002年のITバブル崩壊で下落率は－49.15%、回復には4年半かかっています。

このように、インデックス投資信託でも**25%から50%の下落**は起きる恐れがあります。一方で必ず回復もしているので、最悪のケースも想定して投資を行うことがメンタルを保つために重要です。

5-7-4　S&P500　対数チャート

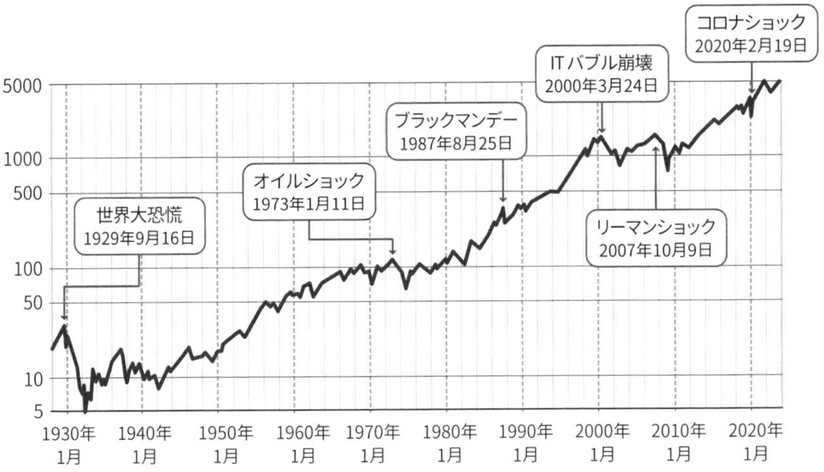

世界恐慌が起きた頃は、恐慌に対する有効な経済政策がなかったこともあり、収束に膨大な時間がかかりました。今では様々な経済政策が実施されているので、これほど大規模で長期間の不況は起きにくいと考えられます。

08

毎月積立投資 vs 年初一括投資

長期投資が右肩あがりなら、毎月積立ではなく、年初に一括投資した方がいいのではないでしょうか。実際はどうなんですか？

一括投資には投資直後に下落が起きたときの問題があります。積立投資と一括投資で、どのぐらいの差がでるかを確認してみましょう。

年初一括投資は、早めに購入することで投資期間を長く設定できるメリットがあります。

しかし、前節でも触れましたが、投資直後に大幅に下落して含み損を抱えると、投資家の気持ちが落ち着ず売ってしまう恐れがあります（いわゆる**狼狽売り**）。いくら心構えをしていても、実際その状況になった場合、どのような行動を起こすかは想像できません。一括投資にはそういった面でリスクがあります。

また、毎月積立投資することで、取得価格の平準化ができるメリットがあります。購入金額が一定であれば、株価が安いときはたくさん買え、高騰したら少しだけ買うということを、投資信託であれば自動で行えます。いわゆる「**ドルコスト平均法**」です。

積立投資と年初一括投資のリターンの差

積立投資した場合と、一括投資した場合で、どのぐらいの差がでるかを確認してみましょう。

毎月1万円投資した場合と、**年初に12万円投資**した場合で、年利7%で運用したケースを想定しました。5年〜20年の投資期間で、それぞれのリターンの差を計算しています。

またオルカン、S&P500、ナスダックの各インデックスで、2003年から2023年の20年間のデータでシミュレーションした結果も載せています。

5-8-1 毎月1万円積立投資と年初12万円一括投資の比較（年利7%で計算）

	5年	10年	15年	20年	オルカン 20年	S&P500 20年	ナスダック 20年
元本	60万円	120万円	180万円	240万円	240万円	240万円	240万円
毎月投資	72万円	172万円	313万円	510万円	455万円	671万円	1,021万円
年一括投資	74万円	177万円	323万円	526万円	463万円	686万円	1,053万円
差額（円）	2万円	5万円	10万円	16万円	8万円	15万円	32万円
差額（年率）	0.61%	0.30%	0.20%	0.15%	0.09%	0.11%	0.15%

投資期間が長いほど差が少なくなっていきます。**20年投資した**場合は**差額が16万円**、年率0.15%程度です。

各インデックスのデータでの検証でも、20年投資して年率0.09%〜0.15%程度という結果になりました。

このように、**年初一括投資も長期で見ると毎月積立投資と同じ**になります。であれば、下落時にも購入できる毎月の積立投資を行うことをお勧めします。

そもそも、年初に一括投資をするためには、その前に1年間分の投資資金を現金で持っておく必要があり、**現金保有率の大きな変動**を起こすことになります。投資資金として保有している資金であれば、NISA口座を待たず特定口座で積立購入することも検討しましょう。

特定口座をNISA口座へ移した方がいい？

今まで投資した課税口座の株や投資信託があるのですが、これを売ってNISA枠を埋めた方がいいでしょうか？

ほとんどの人は年間360万円の枠を使い切れないでしょうから、課税口座からNISA口座へ移した方が良いかどうか、数字で確認してみましょう。

税金を支払って投資金額を減らしてもNISAに移行するメリットはあるか

高齢者に限らず、NISAが始まる前から投資をしてきて、課税口座で投資信託を持っている人も多いはずです。この場合、課税口座の投資信託を売却してNISA口座で買い直すのは得になるでしょうか。

課税口座の投資信託で利益が出ている場合、利益に対して20.315%の税金を払わなくてはいけません。投資金額が一時的に減りますが、それでも移行した方が良いかを検証します。

まず、課税口座で運用している資金が100万円ある場合、利益率が25%と100%のケースで検証してみました。利益率が25%の場合、課税口座からNISA口座に移管した時点で税引後資産は96万円になります。利益率100%の場合、NISA口座に移した税引後資産は90万円になります。

5-9-1　現時点で利益率25%（元本80万円）をNISA口座へ移管（年利7%）

		元本	現時点	5年	10年	15年	20年	25年	30年
課税口座	税引前資産	80万円	100万円	140万円	197万円	276万円	387万円	543万円	761万円
	利益率	0.0%	25.0%	75.3%	145.9%	244.9%	383.7%	578.4%	851.5%
	税金	0万円	4万円	12万円	24万円	40万円	62万円	94万円	138万円
	税引後	80万円	**96万円**	128万円	173万円	236万円	325万円	449万円	623万円
NISA口座	税引前資産		96万円	135万円	189万円	265万円	371万円	521万円	730万円
	利益率		0.0%	40.3%	96.7%	175.9%	287.0%	442.7%	661.2%
	税金		0万円	0万円	0万円	0万円	0万円	0万円	0万円
	税引後		96万円	135万円	189万円	265万円	371万円	521万円	730万円

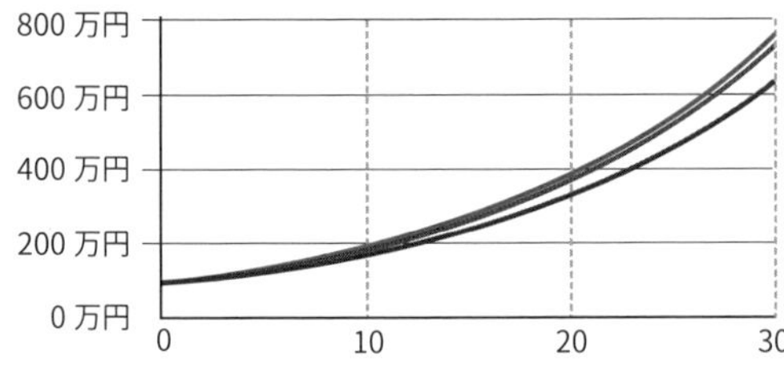

税引き前　　　：761 万円
NISA 口座　　：730 万円
課税税引き後：623 万円

— 税引前資産
— NISA 口座リターン
— 課税口座リターン

5-9-2　現時点で利益率100%（元本50万円）をNISA口座へ移管（年利7%）

		元本	現時点	5年	10年	15年	20年	25年	30年
課税口座	税引前資産	50万円	100万円	140万円	197万円	276万円	387万円	543万円	761万円
	利益率	0.0%	100.0%	180.5%	293.4%	451.8%	673.9%	985.5%	1422.5%
	税金	0万円	10万円	18万円	30万円	46万円	68万円	100万円	144万円
	税引後	50万円	**90万円**	122万円	167万円	230万円	319万円	443万円	617万円
NISA口座	税引前資産		90万円	126万円	177万円	248万円	348万円	488万円	684万円
	利益率		0.0%	40.3%	96.7%	175.9%	287.0%	442.7%	661.2%
	税金		0万円	0万円	0万円	0万円	0万円	0万円	0万円
	税引後		90万円	126万円	177万円	248万円	348万円	488万円	684万円

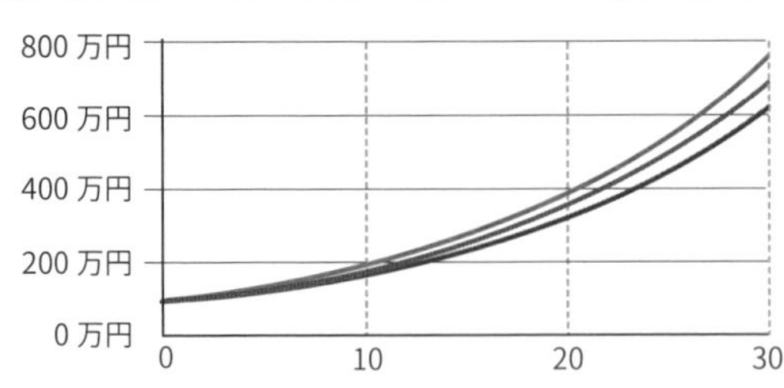

税引き前　　　：761 万円
NISA 口座　　：684 万円
課税税引き後：617 万円

— 税引前資産
— NISA 口座リターン
— 課税口座リターン

100万円の資金を年率7%で運用した場合、次のようになります。

- 利益率25%の場合

利益率25%の100万円(80万円×125%)の資産を売却すると**96万円**になります。これがNISA口座移管後の元本になります。

ここから30年運用した場合、課税口座の税引き前資産が761万円、税引後資産が623万円になります。

一方、NISA口座で運用した場合、730万円になります。**NISA口座で運用した方が107万円プラス**になります。

- 利益率100%の場合

利益率100%の100万円(50万円×200%)の資産を売却すると**90万円**になります。これがNISA口座移管後の元本になります。

ここから30年運用した場合、課税口座の税引き前資産は25%のときと同じく761万円、税引後資産は617万円になります(利益率が高いので、25%のケースよりも税引後資産が少なくなります)。

一方、NISA口座で運用した場合、684万円になります。**NISA口座で運用した方が67万円プラス**になります。

このように、利益率が高い銘柄をNISA口座へ移管すると差は小さくなりますが、課税口座のほうが大きくなることはありません。

NISA口座に乗り換える場合の注意点

このシミュレーションではNISA口座に乗り換えたほうが良い結果になりましたが、いくつか注意するべき点があります。

- **年間360万円を新規投資で埋められる場合は乗り換える必要はない**

年間のNISA枠360万円を新規投資で使い切れる人は、5年で1,800万円に達します。その後は、残りの資金を課税口座で運用することになります。乗り換えはあくまでもNISA口座枠を埋めきれない金額のみにしましょう。

- **含み益が少ない銘柄、含み損がある銘柄を優先に乗り換えを行う**

一般に、金融商品を売却する必要が生じた場合、含み益が少ない商品（あるいは含み損がある商品）から売却するのが定石です。含み益が少ない銘柄の方が支払う税金が少なくなるためです。

含み益が大きい銘柄はできるだけ売却せず保有したいところです。

- **投資信託は売却から買い付けにタイムラグが発生するため買い替え時に損をする恐れがある**

投資信託の場合、約定後、受け渡し日まで3営業日後になります。売却後にその資金で購入する場合、1週間程度のタイムラグが発生し、その間値動きが起きる可能性があります。

これを避けるには、投資信託を売却してその資金で購入するのではなく、保有現金を使って何度かに分けて売却、買付を同時に行います。

- **他の銘柄と損益通算等を使って税金を取り戻す**

投資で得た利益（譲渡益）には税金がかかりますが、投資で損をした場合（譲渡損）、同一年度内で発生した譲渡益と譲渡損は相殺できます。差し引きして残った利益に税金がかかります。これを**損益通算**といいます。

課税口座からNISA口座へ移行する際に利益確定をしても、他の銘柄で損失をしていれば、損益通算をして支払う税金を取り戻せますので、有効に使いましょう。

含み益が大きい銘柄はそのままでもいい

含み益が大きい銘柄に対しては、課税口座からNISA口座へ移しても、差はあまり大きくありません。

含み益が大きく乗っていると言うことは、投資に余裕を持つことができます。メンタルを保つためにも、そのまま残しておいてもいいでしょう。

特にNISA口座を10年以内に埋められる資金力があれば、課税口座を売ってまでして急いで埋めなくても問題ありません。

さまざまな投資戦略①
インデックス投資

投資信託やETFの基本については理解できました。実際に投資する場合、どんな種類があるか含めて教えてください。

成長投資枠ではいろんな投資ができるから、人によっていろんな投資方法が考えられます。復習も兼ねておすすめの投資の種類を説明しますね。

新NISAにはつみたて投資枠と成長投資枠があります。もっとも安全に確実にリターンを得る方法は、つみたて投資枠でインデックス投資信託へ投資する方法ですが、投資の一部は少しリスクを取って、大きく上昇を狙いたいという人も多いはずです。

成長投資枠ではさまざまな投資が可能なので、人によっていろんな投資方法が選択できます。

最初は少額からスタートして、勉強しながら自分にあった投資方法を探すのもいいでしょう。ここからは復習も兼ねて、成長投資枠でおすすめの投資の種類について説明します。

インデックス投資の概要

インデックス投資は、インデックス（指数）に連動する投資信託・ETFに投資する手法です。市場平均の伸びをリターンの目標にする投資です。

主要インデックスには日本の指数と海外の指数があります。主な日本の指数には「日経平均」「TOPIX」などがあります。主な米国の指数は「ダウ平均」「S&P500」「ナスダック」などがあります。

また（米国中心ですが）世界中の企業を含む「全世界株式」指数もあります。全世界株式の投資信託へ投資すれば、世界中の企業へ分散投資が可能です。

インデックスには新興国企業で構成された「新興国株式」や先進国企業で構成された「先進国株式」もあります。これらは「つみたて投資枠」でも「成長投資枠」でも購入でき、基本の投資になります。

日本以外の、主要海外インデックスの地域分散を確認してみましょう。

5-10-1　各インデックスの国別割合

国	全世界	先進国	新興国	S&P500
米国	60.6%	72.5%		100.0%
日本	5.5%			
中国	3.6%		32.7%	
インド	1.4%		13.0%	
イギリス	3.8%	4.5%		
フランス	3.2%	3.8%		
台湾	1.8%		15.2%	
韓国	1.4%		11.9%	
その他	18.7%	19.2%	27.2%	

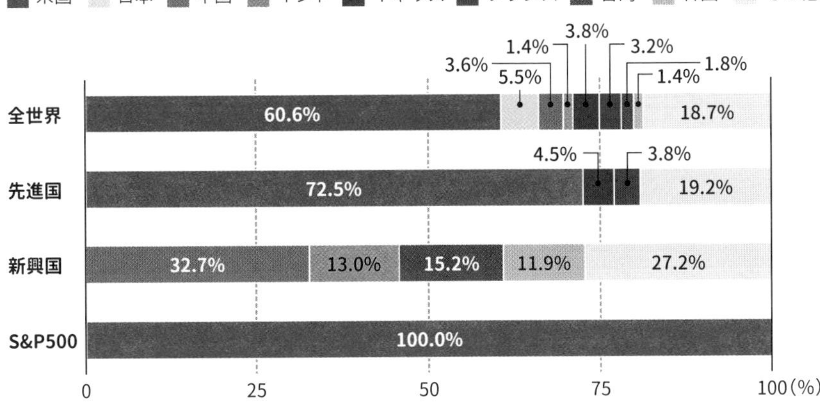

インデックスは時価総額加重平均で分散するため、時価総額が高い米国の割合が非常に多くなっています。全世界に投資しているのは事実でも、内容を見ると米国株に60%投資していることを理解しておきましょう。

市場を牽引する企業に集中投資できる指数

米国株の中でもアップル、マイクロソフト、アマゾン、グーグル、エヌビディア、フェイスブック、テスラの7社を「**マグニフィセント・セブン**」と呼び、この7銘柄の時価総額が高く米国市場を牽引しています。各インデックスで、この7銘柄が占める割合は次のとおりです（FANG+は第4章112ページで解説）。

5-10-2 各インデックスにおけるマグニフィセント・セブンの割合

銘柄	全世界	先進国	S&P500	ナスダック100	FANG+
アップル	4.2%	5.1%	7.7%	11.3%	10.0%
マイクロソフト	3.4%	4.1%	6.2%	9.2%	10.4%
アマゾン	1.6%	1.9%	3.4%	5.0%	9.3%
グーグル	1.9%	2.3%	3.9%	5.8%	9.1%
エヌビディア	1.1%	1.3%	2.9%	4.2%	9.7%
フェイスブック	0.8%	1.0%	2.0%	3.7%	10.0%
テスラ	0.7%	0.8%	2.1%	3.1%	8.3%
その他	86.3%	83.5%	71.8%	57.7%	33.2%

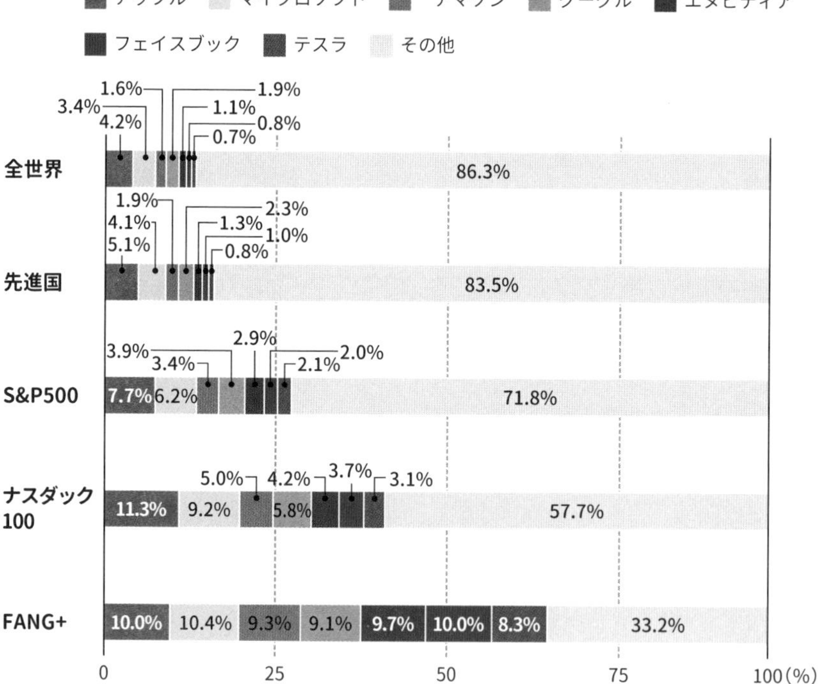

マグニフィセント・セブンの7銘柄が各インデックスに占める割合は次のとおりです。

全世界 13.7%　先進国 16.5%　S&P500 28.2%
ナスダック100 42.3%　FANG＋ 66.8%

過去10年の7銘柄のパフォーマンスを次の表にしました。

米国株の指数であるS&P500やナスダックが10%台であるのに対し、軒並み30%以上と目を見張るものがあります。

5-10-3 マグニフィセント・セブンと米国指数の過去10年パフォーマンス

銘柄／年	2014	2015	2016	2017	2018
アップル	40.62%	-3.01%	12.48%	48.46%	-5.39%
マイクロソフト	27.56%	22.69%	15.08%	40.73%	20.80%
アマゾン	-22.18%	117.78%	10.95%	55.96%	28.43%
グーグル	-5.39%	46.61%	1.86%	32.93%	-0.80%
エヌビディア	27.40%	67.12%	226.96%	81.99%	-30.82%
フェイスブック	42.76%	34.15%	9.93%	53.38%	-25.71%
テスラ	47.85%	7.91%	-10.97%	45.70%	6.89%
S&P500	11.39%	-0.73%	9.54%	19.42%	-6.24%
ナスダック	13.40%	5.73%	7.50%	28.24%	-3.88%

銘柄／年	2019	2020	2021	2022	2023	平均
アップル	88.96%	82.31%	34.65%	-26.40%	49.01%	**32.17%**
マイクロソフト	57.56%	42.53%	52.48%	-28.02%	58.19%	**30.96%**
アマゾン	23.03%	76.26%	2.38%	-49.62%	80.88%	**32.39%**
グーグル	28.18%	30.85%	65.30%	-39.09%	58.32%	**21.88%**
エヌビディア	76.94%	122.30%	125.48%	-50.26%	239.02%	**88.61%**
フェイスブック	56.57%	33.09%	23.13%	-64.22%	194.13%	**35.72%**
テスラ	25.70%	743.44%	49.76%	-65.03%	101.72%	**95.30%**
S&P500	28.88%	16.26%	26.89%	-19.44%	24.23%	**11.02%**
ナスダック	35.23%	43.64%	21.39%	-33.10%	43.42%	**16.16%**

成長銘柄への投資を考えるのであれば、上記7銘柄を成長投資枠に取り

組むのも面白いでしょう。これら成長株を多く含む投資信託とETFがあるので紹介します。

iFreeNEXT FANG+インデックス

純資産額	644億円	信託報酬	0.7755%
設定日	2018/1/31		
6ヶ月リターン	13.65%	1年リターン	111.93%

「**FANG+**」は、マグニフィセント・セブンに加えネットフリックス、ブロードコム、スノーフレイクの10銘柄を均等平均したインデックスです。

銘柄の定期的な入れ替えもあります。

グローバルX US テック・トップ20 ETF（2244）

純資産額	44億円	信託報酬	0.4125%
設定日	2023/4/11	6ヶ月リターン	21.84%

「**グローバルX US テック・トップ20（USTech）**」はFactSet US Tech Top 20 Indexと連動を目指したETFです。米国を代表するテクノロジー企業20社で構成されています。

1銘柄あたり最大8%を上限にした時価総額加重平均方針を採用しています。また構成銘柄に「自動化（ロボティクス）」「クラウド」「コンテンツ／プラットフォーム」「eコマース」「半導体」とサブテーマを設け、各サブテーマごとに最大25%と上限を決めています。これにより、特定の銘柄やジャンルに過度に集中することを避けています。

設定後1年経っていないため、未だ純資産は100億円に達していません。

しかし順調に伸びていて、FANG＋を上回るリターンも期待できます。
この2つの投資信託の組み入れ銘柄と組み入れ比率は次の通りです。

5-10-4 FANG+とUSTechの組み入れ銘柄および組み入れ比率

銘柄	FANG+	USTech	銘柄	FANG+	USTech
アップル	9.3%	7.63%	アマゾン	9.8%	7.86%
フェイスブック	10.1%	6.35%	グーグル	10.0%	6.62%
エヌビディア	9.8%	7.93%	テスラ	10.0%	7.90%
マイクロソフト	9.5%	7.42%	ネットフリックス	9.7%	1.69%
ブロードコム	9.8%	7.51%	スノーフレイク	9.7%	—
インテューイティブサージカル	—	4.51%	インテル	—	3.11%
PDD	—	6.26%	KLA	—	3.03%
AMD	—	3.48%	メルカドリブレ	—	2.42%
インテュイット	—	5.90%	クアルコム	—	2.37%
テキサスインスツルメンツ	—	2.28%	アドビ	—	2.15%
パロアルトネットワーク	—	3.17%			

お勧めのインデックス投資信託

お勧めのインデックス投資信託を紹介します。純資産額100億円以上、信託報酬0.3%の投資信託をピックアップしました。

5-10-5 おすすめインデックス投資信託（2024年1月20日現在）

ファンド名	純資産額	設定日	信託報酬	リターン1年
たわらノーロード 日経225	1,244億円	2015/12/07	0.143%	30.70%
eMAXIS Slim 国内株式(日経平均)	515億円	2018/02/02	0.143%	30.77%
eMAXIS Slim 国内株式(TOPIX)	1,158億円	2017/02/27	0.143%	28.11%
楽天・オールカントリー株式インデックス・ファンド※	347億円	2023/10/27	0.0561%	—
eMAXIS Slim 全世界株式(オール・カントリー)	2兆1,337億円	2018/10/31	0.05775%	30.42%
楽天・S&P500インデックス・ファンド※	458億円	2023/10/27	0.077%	—
eMAXIS Slim 米国株式(S&P500)	3兆2,863億円	2018/07/03	0.09372%	34.63%
SBI・V・S&P500インデックス・ファンド	1兆3,004億円	2019/09/26	0.0938%	34.48%
SBI・V・全米株式インデックス・ファンド	2,138億円	2021/06/29	0.0938%	34.38%
eMAXIS Slim 先進国株式インデックス	6,058億円	2017/02/27	0.09889%	32.46%
eMAXIS Slim 新興国株式インデックス	1,284億円	2017/07/31	0.1518%	16.77%
ニッセイNASDAQ100インデックスファンド	617億円	2023/03/31	0.2035%	—
eMAXIS NASDAQ100インデックス	891億円	2021/01/29	0.44%	65.40%
楽天・NASDAQ-100インデックスファンド※	新規	2024/01/30	0.198%	—
iFreeNEXT FANG+インデックス	644億円	2018/01/31	0.7755%	110.14%

※ 楽天証券のみで購入可能

さまざまな投資戦略②
高配当投資

NISA口座では配当金、分配金も非課税（国内株式のみ。米国株は10%課税）です。ある程度の資産がすでにある高齢者などからは、定期的な現金収入が得られる高配当投資が人気です。

ここでは、おすすめの高配当株投資信託・ETFを紹介します。

国内高配当ETF・投資信託

国内企業を投資先とした高配当投資信託・ETFでインデックスおよびアクティブをそれぞれ2種類紹介します。

日経平均高配当株50指数（インデックス）

「**日経平均高配当株50指数**」は、日経平均構成銘柄のうち配当利回りの高い50銘柄で構成される配当利回りウエート方式の株価指数です。

「配当利回りウエート方式」とは、配当利回りに流動性（売買代金）を加味して構成銘柄の指数算出上の割合（ウエート）を決定するという、従来までの価格平均や時価総額加重平均とは異なる算出方法です。

銘柄の入れ替えは年1回（6月末）に行われます。魅力は名前の通り「**高い分配金利回り**」「**値上がりによる利益にも期待できる**」点です。

日経平均高配当株50指数に連動する投資信託（ETF）としては、野村アセットマネジメントが出している「**NF・日経高配当50 ETF（1489）**」があります。1株から購入できるETFで2,000円程度から投資できます。

純資産総額は1,741億円、分配金利回りが3.73%、信託報酬は**0.308%**と格安で、非常に人気が高い投資信託です。2023年12月29日時点での構成上位銘柄は次の通りです。分配金は毎年1月、4月、7月、10月の年4回支払われます。

5-11-1 NF・日経高配当50 ETF（1489）の構成上位銘柄

組入上位10銘柄		業種	総資産比
9107	川崎汽船	海運業	5.5%
2104	商船三井	海運業	4.0%
2914	日本たばこ産業	食料品	3.4%
5401	日本製鉄	鉄鋼	3.4%
9101	日本郵船	海運業	3.4%
9434	ソフトバンク	情報・通信業	3.4%
8306	三菱UFJフィナンシャル・グループ	銀行業	3.2%
1605	INPEX	鉱業	3.2%
8411	みずほフィナンシャルグループ	銀行業	3.1%
8316	三井住友フィナンシャルグループ	銀行業	3.0%
合計			35.5%

日経平均高配当株50投資信託開始

日興アセットマネジメントがTracersシリーズとして「**Tracers 日経平均高配当株50インデックス（奇数月分配型）**」を投資信託として2024年1月31日に発売しました。信託報酬はなんと**0.10725%**で、「NF・日経高配当50ETF」の3分の1です。

MSCIジャパン高配当利回り指数（インデックス）

「**MSCIジャパン高配当利回り**」は、日本国内の取引所に上場している大型・中型株を対象とした配当継続性や配当性向、財務体質（ROE、負債・自己資本比率、収益の変動性）等の基準を満たした企業の中から、MSCIジャパン指数の配当利回りの130%を超える利回りを持つ銘柄を構成銘柄として算出した時価総額加重平均型の指数です。

MSCIジャパン高配当利回りと連動する投資信託（ETF）には「**iシェアーズ MSCI ジャパン高配当利回り ETF（1478）**」があります。**信託報酬は**

0.209%と非常に安く、**純資産総額650億円**と長期保有に適した商品です。

ただし、高配当ETFとしては分配利回りが記事執筆時点で**2.01%**と物足りない側面があります。

2023年11月時点での組み入れ上位10銘柄は次のとおりです。

5-11-2　主要な資産の状況

	組入上位10銘柄	業種	比率
1	三井物産	卸売業	5.6%
2	トヨタ自動車	輸送用機器	5.5%
3	伊藤忠	卸売業	5.4%
4	本田技研	輸送用機器	5.2%
5	小松製作所	機械	5.1%
6	東京海上HD	保険業	5.1%
7	東京エレクトロン	電気機器	5.1%
8	任天堂	その他製品	4.9%
9	ソフトバンク	情報・通信業	4.7%
10	日本たばこ産業	食料品	4.7%

SBI日本高配当株式（分配）ファンド（アクティブ）

「**SBI日本高配当株式（分配）ファンド**」は、高配当と中長期的な株価値上がり益の両方を狙う、設定されたばかりのファンドです。アクティブ高配当ファンドとしては信託報酬が最低の**0.099%**で人気があり、設定後23営業日で資産総額は300億円に到達しています。トータルリターンは23日で8%超えと、上々な滑り出しです。

銘柄選定では、予想配当利回りが市場平均と比較して高い銘柄を中心に、配当の状況、企業のファンダメンタルズ要因、株価のバリュエーション等に関する評価・分析などを勘案して選別しています。2023年12月時点でのポートフォリオは次の通りです。

5-11-3 SBI日本高配当株式（分配）のポートフォリオ(2023年12月26日時点)

	銘柄名	組入比率	配当利回り
1	商船三井	3.50%	8.19%
2	神戸製鋼所	3.42%	4.03%
3	カヤバ	3.40%	4.72%
4	シチズン時計	3.39%	4.63%
5	AREホールディングス	3.38%	4.67%
6	SBIホールディングス	3.37%	4.81%
7	サンゲツ	3.35%	4.30%
8	小松製作所	3.35%	3.98%
9	石油資源開発	3.35%	6.61%
10	大和工業	3.35%	4.06%
11	東ソー	3.34%	4.45%
12	日本特殊陶業	3.34%	4.92%
13	フジクラ	3.34%	3.70%
14	H.U.グループホールディングス	3.33%	4.78%
15	兼松	3.33%	4.03%
16	西松建設	3.32%	4.17%
17	丸井グループ	3.32%	3.41%
18	安藤・間	3.32%	4.62%
19	JFEホールディングス	3.32%	3.75%
20	長谷工コーポレーション	3.32%	4.48%
21	日東工業	3.31%	3.71%
22	ピジョン	3.31%	4.68%
23	日本たばこ産業	3.31%	5.55%
24	武田薬品工業	3.30%	4.59%
25	三ツ星ベルト	3.29%	5.91%
26	イオンフィナンシャルサービス	3.29%	4.73%
27	いすゞ自動車	3.26%	4.80%
28	ソフトバンク	3.26%	4.98%
29	MS＆ADインシュアランスグループホールディングス	3.26%	4.10%
30	日本製鉄	3.25%	5.25%

※　配当利回りは実績値。個別銘柄の組入比率は株式ポートフォリオの時価評価ベース。
（出典）SBIグローバルアセットマネジメント株式会社

日経平均高配当利回り株ファンド（アクティブ）

「**日経平均高配当利回り株ファンド**」は、日本を代表する企業で構成された日経平均株価に採用されている225銘柄のうち、予想配当利回りの上位30銘柄を抽出し、投資銘柄の配当収益に相当する分配をめざすというシンプルなファンドです。毎年6、12月にリバランス（組入銘柄の入替えと組入比率の調整）を行います。信託報酬は**0.693%**です。

次ページの表が2024年1月時点のポートフォリオです。

5-11-4 日経平均高配当利回り株ファンドのポートフォリオ（2024年1月時点）

	銘柄	業種	比率	（参考）予想配当利回り
1	神戸製鋼所	鉄鋼	5.9%	4.9%
2	三井住友フィナンシャルグループ	銀行業	5.8%	3.9%
3	武田薬品工業	医薬品	5.8%	4.6%
4	本田技研工業	輸送用機器	5.7%	4.0%
5	商船三井	海運業	5.7%	4.2%
6	みずほフィナンシャルグループ	銀行業	5.7%	4.1%
7	日本製鉄	鉄鋼	5.6%	4.6%
8	日本たばこ産業	食料品	5.5%	5.2%
9	アステラス製薬	医薬品	5.2%	4.2%
10	ソフトバンク	情報・通信業	4.9%	4.9%

参考

	ファンド平均	日経平均
予想配当利回り	4.2%	1.8%
ROE	9.8%	9.0%
PBR（倍）	1.0	1.8

（出典）三菱UFJアセットマネジメント

上の表は参考データです。日経平均225銘柄の予想配当利回りが1.8%であるのに対して、日経平均高配当利回り株ファンドの構成銘柄の予想平均配当は4.2%です。ROE（自己資本利益率）は日経平均が9.0%であるのに対して日経平均高配当利回り株ファンドは9.8%、PBR（株価純資産倍率）は日経平均が1.8倍であるのに対して日経平均高配当利回り株ファンドは1.0倍となっています。

米国高配当ETF・投資信託

米国株の高配当ETF・投資信託を紹介します。

高配当ETFとして人気の「SPYD」「VYM」「HDV」、およびその投資信託を紹介します。

SPYD

SPYDは「**S&P500高配当指数**」に連動するように運用されているETFです。S&P500高配当指数とは、S&P500に採用されている500銘柄のうち、配当利回りが高い**80銘柄**で構成されている指数です。

S&P500は時価総額平均で組み入れられますが、S&P500高配当指数は規模の大小に関係なく80銘柄が**均等配分**で構成されています。

経費率が0.07%、**直近配当利回りが4.81%**と利回りが高く、非常に人気が高いETFです。

VYM

VYMは、米国市場の高配当銘柄で構成された「**FTSEハイディビデンド・イールド・インデックス**」との連動を目指す米国ETFです。

米国の高配当株**約400銘柄**から構成され、時価総額加重平均を用いて保有銘柄の割合を算出しています。経費率が0.06%、**直近配当利回りが3.15%**で、組入銘柄が多く非常に分散が効いています。

HDV

HDVは、財務の健全性が高く高配当を続けられる銘柄で構成された「**モーニングスター配当フォーカス指数**」との連動を目指すETFです。

利回り上位**75銘柄**で構成されていて、経費率が0.08%、**直近配当利回りが3.82%**です。

SPYDとVYMに投資できる投資信託

SPYDとVYMを、NISAで分配金を得ながら少額から投資できる投資信託が、SBIアセットマネジメントから2024年1月30日に発売されました。「**SBI・SPDR・S & P500高配当インデックス・ファンド（年4回決算型）(SPYD)**」と「**SBI・V・米国高配当株式インデックス・ファンド（年4回決算型）(VYM)**」です。

- **SBI・SPDR・S & P500高配当インデックス・ファンド（年4回決算型）(SPYD)**
  信託報酬　0.1338%　分配利回り4.76%、2・5・8・11月

- **SBI・V・米国高配当株式インデックス・ファンド（年4回決算型）(VYM)**
  信託報酬　0.1238%　分配利回り3.29%　2・5・8・11月

HDVに投資できるETF

また、ブラックロック・ジャパンが、HDVに投資できるETF「**iシェアーズ 米国高配当株 ETF (2013) (HDV)**」を2024年1月18日に発売しています。

- **iシェアーズ 米国高配当株 ETF (2013) (HDV)**
  信託報酬　0.121%　2・5・8・11月

高配当株投資の注意点

高配当投資を検討する際には、トータルリターン（分配金、値上がり含む）を計算する必要があります。分配金に目が行きがちですが、株価の値上がりを含めてインデックスと比較しないと、どちらがパフォーマンスがいいか正しく判断できません。

次のグラフは、2014年を基点にした10年間の米国株、米国高配当株、日本株、日本高配当株の値動きです。

2014年から2024年までの間で、**米国株が2.6倍**になっているのに対して**米国高配当株は1.8倍**です。一方、**日本株が1.9倍**になっているのに対して、**日本高配当株は2倍**になっています。

切り取る期間にもよりますが、日本株に投資したいのであれば、高配当投資もありです。米国に投資したいのであれば、高配当よりもインデックスの方が資産拡大には効率的と言えます。過去の期間をみてみるとこのようになります。

5-11-5　**米国株、米国高配当株、日本株、日本高配当株の値動き**

	米国株	米国高配当株	日本株	日本高配当株
過去2年	1.05倍	0.98倍	1.23倍	1.37倍
過去5年	1.76倍	1.26倍	1.53倍	1.60倍
過去10年	2.66倍	1.85倍	1.92倍	2.02倍
過去15年	5.80倍	3.90倍	2.95倍	3.08倍
過去20年	4.28倍	2.81倍	2.25倍	3.01倍
過去25年	3.65倍	2.64倍	2.00倍	3.03倍

（出典）MSCIのホームページから2024年1月17日時点

上の表は過去の伸び率です。例えば、過去10年で米国株は2.66倍になっているのに対し、米国高配当株は1.85倍、日本株は1.92倍、日本高配当株は2.02倍になっています。**米国では常に高配当よりもインデックスが上回り**、日本ではその逆で**高配当の方がインデックスを上回って**います。

特に過去2年は日本が米国よりも伸びており、今後日本が伸びると期待するのであれば、日本高配当株投資はNISAでの投資に適していると言えます。

5-11-6　過去10年の米国株、米国高配当株、日本株、日本高配当株のトータルリターン

米国株 2.66倍 ＞ 日本高配当株 2.02倍 ＞ 日本株 1.92倍 ＞ 米国高配当株 1.85倍

お勧めの高配当投資信託・ETF

日米のお勧め高配当投資信託・ETFを掲載します。

5-11-7　お勧めの高配当投資信託・ETF（2024年1月20日時点）

ファンド名	純資産額	設定日	信託報酬	リターン1年	分配金利回り	銘柄数
NF・日経高配当50 ETF（1489）	1,734億円	2017/2/10	0.308%	46.8%	3.73%	50
Tracers 日経平均高配当株50インデックス（奇数月分配型）	—	2024/1/31	0.10725%	—	—	50
iシェアーズ MSCI ジャパン高配当利回り ETF（1478）	650億円	2015/10/19	0.209%	45.55%	2.02%	約40
SBI日本高配当株式（分配）ファンド（年4回決算型）	293億円	2023/12/12	0.099%	—	—	30
日経平均高配当利回り株ファンド	571億円	2018/11/9	0.693%	42.54%	3.75%	30
SPYD SPDR ポートフォリオS&P 500 高配当株式ETF	9,830億円	2015/10/21	0.07%	-4.13%	4.81%	80
VYM バンガード・米国高配当株式ETF	7兆3,000億円	2006/11/10	0.06%	4.10%	3.15%	400
HDV iシェアーズ コア米国高配当株 ETF	1兆5,000億円	2011/03/29	0.08%	1.07%	3.82%	75
SBI・SPDR・S＆P500高配当インデックス・ファンド（年4回決算型）	—	2024/01/30	0.1238%	—	5.47%	80
SBI・V・米国高配当株式インデックス・ファンド（年4回決算型）	—	2024/01/30	0.07%	—	3.95%	400
iシェアーズ 米国高配当株 ETF（2013）	—	2024/01/18	0.121%	—	—	75

各投資信託・ETFの分配月は次の表を参照してください。

5-11-8 各高配当投資信託・ETFの分配月

ファンド名	1月	2月	3月	4月	5月	6月	7月	8月	9月	10月	11月	12月
NF・日経高配当50 ETF（1489）	●			●			●			●		
Tracers 日経平均高配当株50インデックス（奇数月分配型）	●		●		●		●		●		●	
iシェアーズ MSCI ジャパン高配当利回り ETF（1478）		●						●				
SBI日本高配当株式(分配)ファンド(年4回決算型)	●			●			●			●		
日経平均高配当利回り株ファンド						●						●
SPYD SPDR ポートフォリオ S&P 500 高配当株式ETF			●			●			●			●
VYM バンガード・米国高配当株式ETF			●			●			●			●
HDV iシェアーズ コア米国高配当株 ETF			●			●			●			●
SBI・SPDR・S & P500 高配当 インデックス・ファンド（年4回決算型）		●						●				
SBI・V・米国高配当株式インデックス・ファンド（年4回決算型）		●						●				
iシェアーズ 米国高配当株 ETF (2013)		●						●				

上の分配月の表を見ながら、毎月分配金を受け取れるように組み合わせてポートフォリオを組んでみるのも面白いです

個別株投資

ここまでは投資信託やETFを見てきましたが、新NISAの成長投資枠では個別株投資も可能です。

成長株（グロース株）に投資をする際に気を付けることは、**損が出ない銘柄に投資すること**です。NISA口座は損が出ると、非課税の恩恵を受けることができないだけでなく、NISA口座の損失分は他の課税口座との損益通算にも使えず、デメリットしかありません。

グロース個別株投資の難しさ

米国のハイテク企業が集まっているナスダック市場に上場した4,000銘柄を時価総額加重平均したものを「**ナスダック総合指数**」といいます。

ナスダック総合指数の過去1年、5年、10年、20年パフォーマンス、中央値、構成銘柄である個別銘柄がプラスになる確率、指数を上回る確率を計算して次の表にしました。

5-12-1　ナスダック総合指数を構成する個別銘柄が指数を上回る確率

	ナスダック総合指数（年率）	ナスダック銘柄の中央値（年率）	構成銘柄がプラスになる確率	構成銘柄が指数を上回る確率
1年	24.5%	**-10.9%**	37.5%	15.3%
5年	14.2%	**-0.8%**	47.4%	14.9%
10年	13.4%	2.7%	60.6%	16.2%
20年	10.4%	4.4%	70.0%	**22.7%**

この表を見るとわかりますが、個別銘柄へ投資した場合、20年保有しても**指数を上回る確率は2割程度**です。さらに、3割の銘柄は20年持ってもプラスになりません。グロース個別株投資の難しさが分かると思います。

最初は複数銘柄への分散投資がお勧め

新NISAでは年間240万円、生涯1,200万円が成長投資枠で個別銘柄を購入できます。インデックスや高配当ETF投資だけでなく、個別株投資にも挑戦するのであれば、1銘柄への集中投資ではなく、複数銘柄への分散投資をお勧めします。日本株であれば**単元未満株**投資（1株からの投資）、米国株であれば1株から購入できるので、少額から複数銘柄へ分散投資をしてみてください。

もちろん、個別株の知識をつけ、将来応援したい会社へある程度集中投資するのも、リスクが取れる範囲で行えば良いと思いますが、その場合は損益通算ができる課税口座を使うことも検討してみてください。

NISA口座運用で損を出すのは御法度。それだけNISAが長期・分散・積立に向いた制度であるともいえます。ただ、積立投資で含み益が出てきたら、投資への関心も高まり、リスク許容度も上がるでしょう。

13

出口戦略を考える

どのくらいを目標にして投資をした方が良いかや、投資完了後の切り崩し方など、出口戦略も教えてください。

そうですね。NISA枠を埋めた後、どのように使っていくかによって、投資戦略も変わりますので、様々な出口戦略を考えてみましょう。

老後必要な資金について

以前世間で話題になった「**老後2,000万円問題**」を振り返ってみましょう。

老後の無職夫婦2人の年金収入を20万円と仮定します。毎月の支出が25.5万円と想定し、65歳から30年のあいだ年金をもらうことを想定すると、**毎月5.5万円の赤字で30年間で1,980万円足りない**という計算になります。

目標としては2,000万円の資金を作る計算になりますが、この2,000万円という金額はインフレによる物価上昇が考慮されていません。長いデフレ時代を脱却し、2022年以降、今後はインフレが進んでいくことを考えると、必要な資金も増加していきます。インフレを毎年2%と考えると、2,000万円必要と言っていた資産は**20年後には約3,000万円必要**と言うことになります。

次の表で、記事執筆時点の年齢と、65歳時点で必要な老後資金を示しました。なお、年金支給額は据え置きで計算しています。

5-13-1　インフレを加味した65歳時点での必要資金

現在年齢	65歳	60歳	55歳	50歳	45歳	40歳	35歳	30歳	25歳
必要な資金	1,980万円	2,186万円	2,414万円	2,665万円	**2,942万円**	3,248万円	3,586万円	3,960万円	4,372万円
毎月	5.5万円	6.1万円	6.7万円	7.4万円	**8.2万円**	9.0万円	10.0万円	11.0万円	12.1万円

現在の年齢の人が65歳になったときに必要な資金が分かるようにしています。たとえば現在45歳の人は、20年後の65歳時点で**2,942万円**の資金が必要です。**月8.2万円**の生活費が足りない計算です。

このデータを考えながら、出口戦略を考えていきましょう。

切り崩し出口戦略

楽天証券とSBI証券には、投資信託の「**定期売却サービス**」があります（なおSBI証券はNISA口座には現在非対応）。これを利用すると、NISA口座で運用した資産を**運用を続けながら売却**できます。

現在65歳の人は、老後資金として**1,980万円**が必要です。運用せずに切り崩していくと**毎月5.5万円減**ですが、運用しながら切り崩していくと次のように毎月の切り崩し分を増やすことができます。

年利3%　8.3万円　**年利5%**　10.5万円
年利7%　12.8万円　**年利10%**　16.6万円

次ページの表は、65歳から30年間毎月資金の切り崩しをしていく場合、毎月の切り崩し金額から必要な資金を計算したものです。例えば、毎月5.5万円切り崩していく場合、運用なしであれば資金は1,980万円必要です。しかし、年利3%で運用しながら切り崩した場合は、65歳時点での必要資金は1,315万円になります。年利5%で運用できる場合は**1,042万円**です。

逆に、65歳時点で2,000万円用意できた場合、年利3%で運用しながら切り崩していけば、月に**8.3万円**使える計算になります。年利5%で運用できれば月**10.5万円**使えます。

5-13-2　30年間運用しながら取り崩すために必要な資金対応表

月取り崩し額	運用なし	年利3%	年利5%	年利7%	年利10%
16.6万円	5,976万円	3,968万円	3,145万円	2,565万円	**1,978万円**
12.8万円	4,608万円	3,059万円	2,425万円	**1,978万円**	1,525万円
10.5万円	3,780万円	2,510万円	**1,989万円**	1,622万円	1,251万円
10.0万円	3,600万円	2,390万円	1,894万円	1,545万円	1,192万円
8.3万円	2,988万円	**1,984万円**	1,572万円	1,282万円	989万円
5.5万円	**1,980万円**	1,315万円	**1,042万円**	850万円	655万円
1.5万円	540万円	359万円	284万円	232万円	179万円

ちなみに次の表で、運用しながら切り崩すことで資産が一生無くならない金額を計算してみました。必要な資金が月に5.5万円、年利5%で運用しながら切り崩す場合、**65歳時点で1,355万円**あれば、一生資産が枯渇しない計算になります。

5-13-3　運用しながら切り崩しても枯渇しない必要な資金対応表

月取り崩し額	年利3%	年利5%	年利7%	年利10%	年利12%
20.0万円	8,129万円	4,929万円	3,557万円	2,528万円	2,128万円
15.0万円	6,097万円	3,697万円	2,668万円	1,896万円	1,596万円
10.0万円	4,065万円	2,465万円	1,779万円	1,264万円	1,064万円
7.0万円	2,845万円	1,725万円	1,245万円	885万円	745万円
5.5万円	2,236万円	**1,355万円**	978万円	695万円	585万円
3.0万円	1,219万円	739万円	534万円	379万円	319万円

最初に説明しましたが、インフレによって必要な額は変わります。インフレ率2%が続いた場合、現在55歳の人は毎月必要な金額（年金と必要金

額の差）が65歳時点で**6.7万円**になります。6.7万円毎月切り崩す場合、運用なしで30年間必要なのは2,414万円です。しかし、年利5%で運用しながら切り崩していく場合は、**1,270万円**になります。

5-13-4　**インフレ年利2%で上昇した場合の年齢別、必要な資金表**

現年齢		25歳	35歳	45歳	55歳	65歳
出口までの年		40年	30年	20年	10年	0年
毎月必要な額		12.1万円	**10.0万円**	8.2万円	**6.7万円**	5.5万円
運用なし	30年で枯渇	4,372万円	3,586万円	2,942万円	2,414万円	1,980万円
5%運用	30年で枯渇	2,300万円	**1,887万円**	1,548万円	**1,270万円**	1,042万円
	枯渇しない	2,993万円	**2,455万円**	2,014万円	1,652万円	1,355万円

現在35歳の人が65歳時点で毎月必要になる金額は月に**10万円**です。年利5%で運用しながら切り崩していく場合は**1,887万円**必要です。

ただし、年利5%の運用を不確定要素と考えて、万全を期して一生枯渇しない金額である**2,455万円**を老後資金の目標にすることを勧めます。

配当金＋切り崩しによる出口戦略

切り崩しシミュレーションをしてきましたが、次に配当金による出口戦略を考えてみましょう。

分配利回りが4%の投資商品を持つ場合、新NISAの1,200万円の成長投資枠をすべて高配当投資に割り当てれば、月の配当支払いは4万円になります。

現在65歳と仮定して、月5.5万円の配当を得るためには、この1,200万円の元本を成長させて、1,650万円にする必要があります。10年で運用することを考慮すると**年利3%**で運用することで達成できます。高配当投資の場合、**元本も成長する高配当投資**を検討しましょう。

また、高配当投資のみでは老後の資金を補えないことも考え、つみたて投資枠の600万円をインデックス投資で運用して将来運用しながら切り崩すハイブリッド戦略もいいでしょう。5-13-3の表をみると、月3万円の切り崩しであれば、年利5%運用の場合は739万円あれば資金が枯渇しない計算になります。

新NISAの成長投資枠は高配当投資、つみたて投資枠ではインデックス投資の切り崩しで、老後資金が枯渇しない（枯渇しにくい）運用方法が可能です。

インデックス投資信託を運用しながら切り崩していくのは、人によってはストレスに感じるかもしれません。その場合は高配当株の割合を大きくして、切り崩しせずに配当で老後資金を得るようにするのも手です。

世代別の NISA投資戦略を考える

ここまでさまざまな投資法について学びましたが、それぞれの年齢（世代）にあった投資方法があれば教えてください。

ここまでのまとめで各投資法の特徴などを確認し、状況に応じた投資方法を検討してみよう。今までの説明をまとめるよ。

ここまでのまとめ

これまで、新NISAを想定してさまざまな投資方法について解説してきました。これらを踏まえて、世代ごとに最適な投資方法を考えます。

65歳に投資完了（以降は資産の切り崩し）を迎えると仮定して、それまでに老後資産を形成するのに最適な方法を考えましょう。

まずはここまでに説明してきた内容をまとめます。

- インデックス投資信託は15年以上所有することでリスクを低減できる（118ページ）
- 資産形成期のインデックス投資は、ETFでなく配当金を内部再投資で複利効果を効率的に得られる投資信託を購入する（142ページ）
- 投資する投資信託・ETFの信託報酬（手数料）は0.3%以下（できれば0.1%以下）、純資産総額は100億円以上を選ぶ（91、145ページ）
- 所有する投資信託の利益が+50%を超えたら、売却時も考慮して、同じ指数に連動する別の商品を購入（157ページ）
- 個別株へ投資する場合は、単元未満株や米国株で少額投資して投資対象を分散させる（189ページ）
- 高配当株投資の場合、トータルリターンでインデックスを上回る投資商品を選ぶ（184ページ）

年齢別投資戦略

65歳で投資完了を前提に資産形成を考えます。想定する運用利回りですが、過去データでは全世界株式で年利約7%、S&P500で年利約10%でした。ここでは余裕を持った投資戦略として**年利5%**で計算します。

老後資金の資産形成ですので、目標金額は出口戦略で説明した

年利5%で運用しながら切り崩し、一生枯渇しない資金

を目指します。

次節以降、世代別の新NISA戦略を解説します。

25歳からスタート

早期積み立て開始で、早めに投資完了

25歳から資産形成を始めた場合、65歳まで40年あります。インフレを考慮すると、40年後には毎月12.1万円の老後資金が必要です。年利5%で運用しながら切り崩しても資金が枯渇しない金額は**2,993万円**です。

5-15-1 25歳の目標金額

			運用なし	年利5%で運用	
現年齢	出口までの年	毎月必要な額	30年で枯渇	30年で枯渇	枯渇しない
25歳	40年	12.1万円	4,372万円	2,300万円	**2,993万円**

現時点では資産もまだできていないと思います。毎月の給与から少しずつ積み立て投資を行い、長期間の投資で複利効果を最大に得られるインデックス投資を行いましょう。給与が徐々に増えていくことを考慮し、10年おきに投資額を上げていきます。

- 25歳から34歳までの10年間は**月3万円**
- 35歳から44歳までの10年間は**月5万円**
- 45歳から51歳までの7年間は**月10万円**
- **52歳で投資終了**

順当にいけば52歳で総投資金額が1,800万円に達し、NISA枠は終了です。以降は運用のみで、65歳にはトータルリターンが**5,958万円**になります。目標の2,993万円を大きく上回る資産です。

ただし、途中で大きな出費があったり、毎月の積立額を減らさざるを得ない状況もあるでしょう。これはあくまでも目標、目安としてください。

5-15-2　25歳から投資開始。年利5%で運用したシミュレーション

月投資額		30歳 5年	35歳 10年	40歳 15年	45歳 20年	50歳 25年	52歳 27年	65歳 40年
25～34歳 3万円	元金	180万円	**360万円**					
	総額	204万円	465万円	593万円	757万円	967万円	1,066万円	**2,010万円**
35～44歳 5万円	元金			300万円	600万円			
	総額			340万円	775万円	989万円	1,090万円	2,056万円
45～51歳 10万円	元金					600万円	840万円	
	総額					681万円	1,003万円	1,892万円
合計	累計元金	180万円	360万円	660万円	960万円	1,560万円	1,800万円	1,800万円
	総額	204万円	465万円	934万円	1,532万円	2,637万円	3,159万円	**5,958万円**

25歳からの10年間の投資金額は**360万円**ですが、それが40年後には**2,010万円**になっています。トータルリターンの約1/3を占める金額です。複利効果の大きさを実感できるでしょう。

思ったより大きな金額になるんですね。毎月3万円ならなんとか積立できると思います。臨時収入で個別株にも挑戦したいです。

これをベースに、成長投資枠を使って個別株を購入するのも良いですね。まずは少額で分散投資から挑戦してみてください。

35歳からスタート

投資期間30年を活かした計画

35歳から投資を始めた場合、65歳まで30年あります。大きな出費が必要な時期もあるはずなので、無理せず投資をしていきましょう。目標金額は、一生枯渇しない資金**2,445万円**です。

5-16-1　35歳の目標金額

			運用なし	年利5%で運用	
現年齢	出口までの年	毎月必要な額	30年で枯渇	30年で枯渇	枯渇しない
35歳	30年	10.0万円	3,586万円	1,887万円	**2,455万円**

25歳スタートよりも給与は多く得ているとし、毎月5万円の投資からスタートして、10年ごとに投資金額を上げていきます。

- 35歳から44歳までの10年間は**月5万円**
- 45歳から54歳までの10年間は**月7万円**
- 55歳から57歳までの3年間は**月10万円**
- **58歳で投資終了**

投資開始から25年の60歳で新NISA枠をすべて埋めて投資完了です。以降は運用のみで、65歳時点には**4,370万円**となります。

5-16-2 35歳から投資開始。年利5%で運用したシミュレーション

		40歳	45歳	50歳	55歳	60歳	65歳
月投資額		5年	10年	15年	20年	25年	30年
35～44歳 5万円	元金	300万円	600万円				
	総額	340万円	775万円	989万円	1,262万円	1,461万円	2,056万円
45～54歳 7万円	元金			420万円	840万円		
	総額			477万円	1,085万円	1,256万円	1,767万円
55～59歳 10万円	元金					360万円	
	総額					387万円	547万円
合計	累計元金	300万円	600万円	1,020万円	1,440万円	1,800万円	1,800万円
	総額	340万円	775万円	1,466万円	2,347万円	3,106万円	**4,370万円**

途中で余裕が出たり臨時収入があったりしたら、投資資金を追加してください。また、ボーナスも有効に使うことで、60歳前に1,800万円を使い切ることも考えましょう。

20代同様に、30代も投資期間が長いので、序盤は無理をしない範囲でコツコツ始め、資金に余裕が出て来たら投資金額を増やしていきましょう。最初の10年間の投資だけで、30年後には2,000万円を超える資産ができます。

45歳からスタート

資金に余裕が出てきたうえ投資期間も20年

老後まで20年あります。給料も上がってきて、多少投資に余裕が出ていると思います。目標金額は、一生枯渇しない資金**2,014万円**です。

5-17-1　45歳の目標金額

			運用なし	年利5%で運用	
現年齢	出口までの年	毎月必要な額	30年で枯渇	30年で枯渇	枯渇しない
45歳	20年	8.2万円	2,942万円	1,548万円	**2,014万円**

45歳からの10年はボーナスも加え、月10万円の投資を行います。現金の蓄えがある場合は、この積立に加えるとこで月10万円を捻出します。55歳からは 積立額を増やして、12.5万円にします。

- 45歳から54歳までの10年間は**月10万円**
- 55歳から58歳までの4年間は**月12.5万円**
- **54歳で投資終了**

65歳で**3,414万円**になります。

もし、それまでにかなりの貯蓄があるのであれば、毎月の入金をNISA枠いっぱいの月30万円まで増やしてもいいでしょう。投資完了は50歳で、以降は運用のみになります。65歳時点での資産は4,247万円になり、同じ投資額1,800万円でも833万円資産が増えます。どちらの場合も目標は大きくクリアしています。

5-17-2 45歳から運用開始。年利5%で運用したシミュレーション

月投資額		50歳 5年	55歳 10年	59歳 14年	65歳 20年
45～54歳 10万円	元金	600万円	1,200万円		
	総額	681万円	1,550万円	1,884万円	2,525万円
55～58歳 12.5万円	元金			600万円	
	総額			664万円	890万円
合計	累計元金	600万円	1,200万円	1,800万円	1,800万円
	総額	681万円	1,550万円	2,548万円	**3,414万円**

また、45歳ですでに1,000万円ほどの特定口座での投資があれば、老後資金はそれだけで十分まかなえます、その場合はNISAの成長投資枠を**高配当株投資や個別株投資**に回しても良いと思います。

次の表は、特定口座に1,000万円の投資信託があり、NISAのつみたて投資枠のみを利用したケースです。つみたて投資枠へは5年間、毎月10万円の投資のみ行いました（NISA枠は600万円）。

5-17-3 45歳から運用開始。特定口座で1,000万円ある場合

月投資額		45歳 0年	50歳 5年	55歳 10年	60歳 15年	65歳 20年
特定口座	元金	1,000万円				
	総額	1,000万円	1,276万円	1,629万円	2,079万円	2,653万円
45～49歳 10万円	元金		600万円			
	総額		681万円	869万円	1,109万円	1,416万円
合計	累計元金	1,000万円	1,600万円	1,600万円	1,600万円	1,600万円
	総額	1,000万円	1,957万円	2,498万円	3,188万円	4,069万円
	税引総額	1,000万円	1,901万円	2,370万円	2,969万円	**3,733万円**

この場合でも65歳には税抜で**3,733万円**になり、大幅に目標を達成でき

ます。

毎月の余裕資金がさらにあれば、月20万円の枠を使って成長投資枠で個別株や、高配当株投資などを行ってみてはいかがでしょうか。

新NISAの生涯成長投資枠1,200万円を15年かけて高配当株投資で埋めて、4%の配当ポートフォリオを作ることができれば、月に4万円を非課税で受け取ることができます。毎月必要な金額である8.2万円の約半分をこれで埋めることができるので、さらに余裕をもった生活ができるはずです。

もちろん、高配当株投資ではなくインデックス投資を行い、いざと言うときの資金にしてもいいでしょう。

私は主婦なので、大きな投資は夫に任せ、月3万円をインデックス投資でキープしながら臨時収入で高配当株投資をしてみます。

夫婦だとNISA枠が2倍になりますね。インデックス投資を基本に、個別株や高配当株投資で楽しむのも良いです。分散を考えて購入してくださいね！

18

55歳からのスタート

残り投資期間を考えて最短でNISA枠を埋める

55歳の場合、65歳まで10年しかありません。また、収入が入る時期も5年しかない可能性もあります。できるだけ最短で埋めることを最優先に考えましょう。目標金額は**1,652万円**なので、**1,800万円のNISA枠を埋めることができれば終わり**です。

ただし、現実的に考えて、ボーナスと組み合わせて月20万円を投資し、60歳以降も働くことを考慮して70歳まで月5万円を投資する計画とします。もちろん、1,800万円のNISA枠を埋めきらず、65歳で投資を終了させても問題ありません。

また、インデックス投資は15年以上保有しないとマイナスになるリスクがあります。しかし、65歳以降は運用しながら切り崩しするため、実際は40年近く運用することになり、リスクを気にする必要はありません。

5-18-1　55歳の目標金額

			運用なし	年利5%で運用	
現年齢	出口までの年	毎月必要な額	30年で枯渇	30年で枯渇	枯渇しない
55歳	10年	6.7万円	2,414万円	1,270万円	**1,652万円**

- 55歳から59歳までの5年間は月20万円（ボーナス込み）
- 60歳から64歳までの5年間も働きながら、月5万円
- 65歳から69歳までは余力があれば、月5万円でNISA枠をすべて埋める

5年でNISA枠をすべて埋めるには、月30万円の入金が必要です。55歳で投資完了、65歳までは運用のみです。

5-18-2　55歳から運用開始。年利5%で運用したシミュレーション

		60歳	65歳	70歳
月投資額		5年	10年	15年
55～59歳 20万円	元金	1,200万円		
	総額	1,362万円	1,738万円	2,218万円
60～69歳 5万円	元金		300万円	600万円
	総額		340万円	679万円
合計	累計元金	1,200万円	1,500万円	1,800万円
	総額	1,362万円	**2,078万円**	2,898万円

65歳時点で**2,078万円**になっているので目標（1,652万円）をクリアしています。また、特定口座などで既に運用している資産があれば、それを65歳までの10年間運用し、新NISAは成長投資枠で高配当株や個別株などに挑戦してもいいでしょう。ちなみに特定口座1,000万円を10年間、年利5%で運用すると1,629万円（税引き前）になり、目標金額にかなり近い資産になります。

今までの蓄えがあり、最速でNISA枠を埋めるための月30万円がある場合は、5年で積立が終了して残りの5年は運用のみ、65歳時には2,607円になります

私は最短で1,800万円の枠を埋めることに集中します。つみたて投資枠はS&P500を買い、成長投資枠はナスダック100と個別株を買ってみたいです。

特定口座で老後資金を確保していれば、非課税枠は値上がり株を狙うのもいいですね。NISA枠は損が出たらデメリットしかないので、十分注意して挑戦してください。

19

筆者のNISA活用法

つみたて枠ではインデックス投資、成長投資枠では高配当投資でインデックス超えを狙う

本書執筆時点、筆者のNISA口座の活用方法は次のとおりです。

- **つみたて投資枠**
  インデックス投資（S&P500とナスダック100を半分ずつ）
- **成長投資枠**
  日本高配当ETF・投資信託＋日本高配当個別株（単元未満株投資）

筆者は既に、特定口座を使って資産拡大のフェーズは終了しています。そのためNISA口座での投資は、つみたて投資枠は高いパフォーマンスを求め、成長投資枠のトータルリターンでインデックスを上回る高配当投資を狙います。最短の5年でNISAの枠を埋めるため、つみたて投資枠は月10万円、成長投資枠で月20万円購入しています。

つみたて投資枠のインデックス投資信託は年利10%、成長投資枠での高配当投資では元本は年利3%、配当金は年利4%を目指します。

目論み通りになった場合、15年後の資産額は**3,742万円＋月の配当金5.8万円**になります。

5-19-1 筆者の新NISA活用例

月投資額		1年	3年	5年	7年	10年	15年
つみたて 年利10% 10万円	元金	120万円	360万円	600万円			
	総額	126万円	418万円	772万円	934万円	1,243万円	2,002万円
成長 年利3% 20万円	元金	240万円	720万円	1,200万円			
	総額	244万円	754万円	1,295万円	1,374万円	1,501万円	1,740万円
合計	累計元金	360万円	1,080万円	1,800万円	1,800万円	1,800万円	1,800万円
	総額	370万円	1,172万円	2,067万円	2,307万円	2,744万円	**3,742万円**
配当金	月配当額	0.8万円	2.5万円	4.3万円	4.6万円	5.0万円	**5.8万円**

今後、特定口座で運用している資金を一部、NISA口座に移動していきますが、新規投資で賄える場合は、特定口座はそのまま運用を続けます。

大きな下落相場が来た場合

5年でNISA口座の枠をすべて埋めてしまう予定ですが、その後大きな調整局面（下落相場）がきた場合は**NISA口座の売却**も検討します。

具体的な運用方針は次のとおりです。NISA口座をすべて埋めてしまった後、年末時点で損益がマイナスになっている株・投資信託・ETFがあった場合はそれらを売却し、翌年の1月に買い直します。新NISAの生涯投資枠は翌年に簿価（投資が元本）で復活するので、より多くの資金をNISA口座で運用できます。

この運用を実現するために、単一銘柄に集中投資するのではなく、ある程度分散投資をすることも大事です。できるだけ損益が小さい銘柄を作るために、年末にパフォーマンスを確認し、含み益が大きく乗っている銘柄が出た場合、翌年は同じインデックスに連動した別の商品を買って、含み益が小さい銘柄を作り直します。

市場は上げ下げを繰り返して上昇していきます。下げ局面も平常心で楽しめるような投資を心がけています。

通貨の分散

日本高配当に投資するもう1つの理由は**通貨の分散**をしたいからです。

給与をもらっている間は「円」で給料をもらっているので、外国株のインデックス投資をするだけで通貨分散をしていることになります。

しかし、定年後に外国インデックス投資のみ実施していると、資産はドル資産と年金のみになってドル資産が圧倒的に大きくなってしまいます。

それを避けるために、日本の高配当株を買って日本円で配当金を得ることで、通貨分散を行います。もちろん、日本高配当でなく日経平均インデックスなどでもいいのですが、184ページで示したように日本株の場合はインデックスよりも高配当株の方がトータルパフォーマンスで優れているため、そちらを選択しています。

ポートフォリオの中でも給与は非常に大きな割合を占めます。給料を日本円でもらっているということは、ある意味「円に全力投資」している状態です。定年後はこれが大きく減ることになるので、それに対する投資戦略を取りました。

厳選投資信託・ETFと世代別最適ポートフォリオ

証券各社が新NISAに合わせて新しい金融商品を出してきています。ここでは各社のおすすめ投資信託・ETFを紹介します。

各社の人気商品投資信託

eMAXIS Slimシリーズ

純資産総額上位の三菱UFJアセットマネジメントが販売する「**eMAXIS Slim**」シリーズを紹介します。

気を付ける点ですが、「eMAXIS」シリーズと「eMAXIS Slim」シリーズがあります。eMAXIS SlimシリーズはeMAXISシリーズの1つで、運用コストが低く、信託報酬が安いのが特徴です。eMAXIS Slimシリーズはネットでしか買えません。

6-1-1　eMAXIS Slim（イーマクシス・スリム）のページ
（https://emaxis.jp/lp/slim/pr1/index.html）

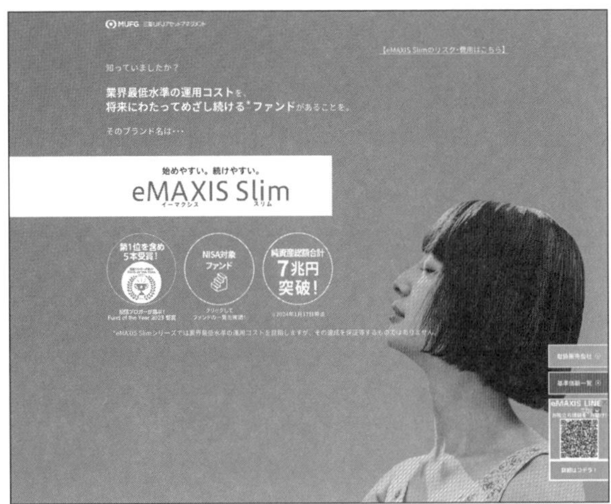

「**業界最低水準の運用コスト**を、将来にわたってめざし続けるファンド」という謳い文句で発売している投資信託です。

常に投信ランキング上位に入り、純資産総額はシリーズ合計で7兆円以上と人気の高い投資信託です。

6-1-2 eMAXIS Slimシリーズ

ファンド名	純資産額	設定日	信託報酬	つみたて投資枠
eMAXIS Slim 国内株式（日経平均）	545億円	2018/2/2	0.143%	○
eMAXIS Slim 国内株式（TOPIX）	1,180億円	2017/2/27	0.143%	○
eMAXIS Slim 全世界株式（オール・カントリー）	2兆2,280億円	2018/10/31	0.05775%	○
eMAXIS Slim 米国株式（S&P500）	3兆3,893億円	2018/7/3	0.09372%	○
eMAXIS Slim 先進国株式インデックス	6,187億円	2017/2/27	0.09889%	○
eMAXIS Slim 新興国株式インデックス	1,317億円	2017/7/31	0.1518%	○
eMAXIS Slim バランス（8資産均等型）	2,424億円	2017/5/9	0.143%	○

ピックアップ

eMAXIS Slimの中から、特に注目の商品をピックアップして紹介します。

「**全世界株式（オルカン）**」は純資産額2兆円超、「**米国株式S&P500**」は3兆円超と安定感抜群です。正直、このどちらかを買っておけばインデックス投資は終了と言っても過言ではありません。

ちなみに楽天証券とSBI証券のNISA買い付けランキングは、常にこの2つがランキング1位、2位になっています。

楽天プラスシリーズ

楽天プラスシリーズは、楽天投信が販売する投資信託です。新NISAスタートに向けて多数の新商品を発売しています。

楽天証券では唯一、楽天プラスシリーズ商品のみ、保有するだけでもらえる「投信残高ポイントプログラム」の対象です。

業界最安を目指しており、現時点で手数料は最安値です。なお、楽天証券でのみ購入できます。

6-1-3 楽天投信投資顧問（https://www.rakuten-toushin.co.jp/）

6-1-4 楽天プラスシリーズ

ファンド名	純資産額	設定日	信託報酬	つみたて投資枠
楽天・オールカントリー株式インデックス・ファンド	394億円	2023/10/27	0.0561%	○
楽天・S&P500インデックス・ファンド	528億円	2023/10/27	0.077%	○
楽天・先進国株式（除く日本）インデックス・ファンド	13億円	2023/12/22	0.088%	○
楽天・日経225インデックス・ファンド	31億円	2023/12/22	0.132%	○
楽天・NASDAQ-100インデックス・ファンド	0億円	2024/1/30	0.198%	×
楽天・SOXインデックス・ファンド	0億円	2024/1/30	0.176%	×

ピックアップ商品

楽天プラスシリーズの中から、特に注目の商品をピックアップして紹介します。

「**楽天・SOXインデックス・ファンド**」は米国上場の主要な半導体関連30銘柄で構成されている**SOX**指数（フィラデルフィア半導体株指数）に連動する投資信託です。パフォーマンスはナスダック100を上回ります。

次の表は、全世界株式やS&P500などの指数に連動するETFの過去のパフォーマンスを比較したものです。

6-1-5　主要な指数と連動するETFの過去のパフォーマンス比較

ETF（銘柄）	1年	3年	5年	10年
VT（全世界）	29.84%	17.52%	17.53%	11.33%
VOO（S&P500）	34.42%	22.22%	21.54%	15.33%
QQQ（ナスダック100）	64.77%	22.2%	28.60%	21.21%
SOX（半導体指数）	77.82%	28.94%	37.81%	28.23%

過去1年〜10年すべてで半導体指数は他の指数を上回るパフォーマンスを示しています。最近のAI需要もあり、直近10年は他の指数のパフォーマンスを大きく上回っています。

楽天SOXは楽天証券でしか買えません。しかし、後述しますが他の証券会社でも次のような半導体指数ファンドがあります。

- 〈購入・換金手数料なし〉ニッセイSOX指数インデックスファンド（米国半導体株）
- 2243 グローバルX 半導体 ETF

SBI・Vシリーズ

SBI・Vシリーズは、SBIアセットマネジメントが発売する業界最安コストを目指すファンドです。

ETFと言えば米バンガード社が有名ですが、SBI・Vシリーズではそのバンガード社のETFを投資信託で買える様にし、さらに手数料にこだわっています。S&P500のETFであるVOOに投資する「SBI・V・S&P500インデックス・ファンド」は時価総額1兆円超に成長しています。

6-1-6　SBI・Vシリーズ
（https://go.sbisec.co.jp/prd/fund/svi_v/index.html）

6-1-7 SBI・Vシリーズ

ファンド名	純資産額	設定日	信託報酬	つみたて投資枠
SBI・V・S&P500インデックス・ファンド	1兆3,306億円	2019/9/26	0.0938%	○
SBI・V・全米株式インデックス・ファンド	2,183億円	2021/6/29	0.0938%	○
SBI・V・全世界株式インデックス・ファンド	356億円	2022/1/31	0.1338%	○
SBI・V・米国高配当株式インデックス・ファンド	249億円	2021/6/29	0.1238%	×
SBI・V・米国増配株式インデックス・ファンド	65億円	2023/6/8	0.1238%	×
SBI・V・先進国株式（除く米国）インデックス・ファンド	10億円	2023/6/8	0.1138%	×
SBI・V・新興国株式インデックス・ファンド	6億円	2023/6/8	0.1438%	×
SBI・V・米国小型株式インデックス・ファンド	6億円	2023/6/8	0.1138%	×
SBI・V・世界小型株式（除く米国）インデックス・ファンド	1億円	2023/6/8	0.1338%	×
SBI・V・米国高配当株式インデックス・ファンド（年4回決算型）	0億円	2024/1/30	0.1238%	×

ピックアップ商品

SBI・Vシリーズの中から、特に注目の商品をピックアップして紹介します。

「**SBI・V・米国高配当株式インデックス・ファンド（年4回決算型）**」は米国高配当で人気のVYMをNISAでの投資用に分配金を出すように設計したファンドです。

過去3年のチャートを見ると、高配当にもかかわらずS&P500に近いトータルパフォーマンスを出しています。米国高配当へ分配金をもらいながら投資したい人におすすめの投資信託です。

6-1-8　過去３年ETF 値動き比較（2021/02/05～2024/02/05）

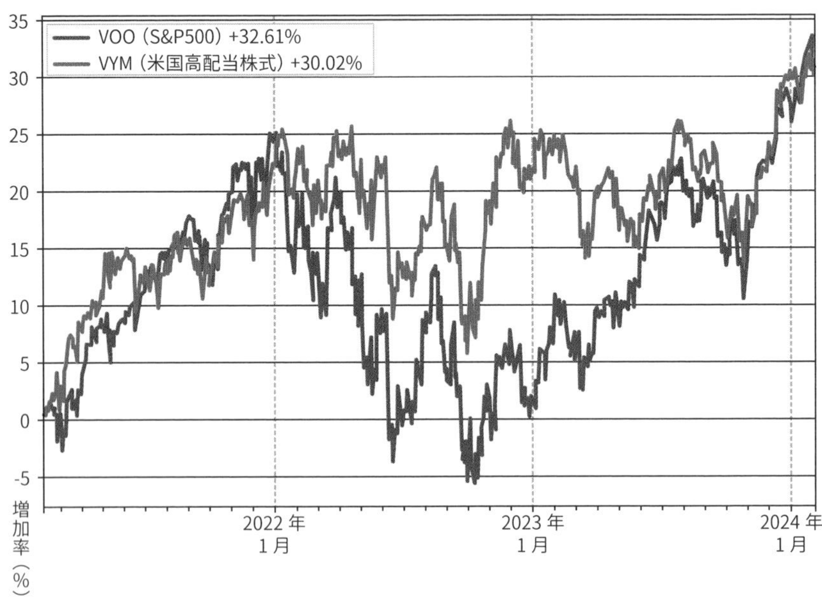

iFree / iFree NEXT / iFree Plusシリーズ

大和アセットマネジメントが発売している「iFree（アイフリー）」は、さまざまな投資ニーズに対応するファンドシリーズです。シンプルなインデックスファンドや、特徴のある成長分野・有望なテーマへの投資、高い投資リターンの獲得をめざすレバレッジファンドなど、バラエティ豊かな投資信託が揃っています。

低水準の運用管理費用が特徴のインデックスファンドシリーズである「**iFree**」、個性的な指数に投資する「**iFree NEXT**」、ユニークなアイデアをポートフォリオに加える「**iFree Plus**」があります。

6-1-9 iFreeシリーズ
(https://www.daiwa-am.co.jp/ifree_series/index.html)

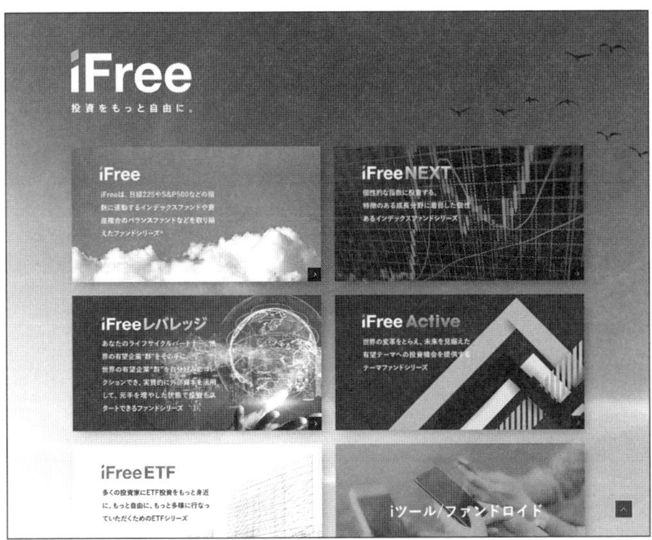

6-1-10 iFreeシリーズ

ファンド名	純資産額	設定日	信託報酬	つみたて投資枠
iFree 日経225インデックス	608億円	2016/9/8	0.154%	○
iFree S&P500インデックス	1,596億円	2017/8/31	0.198%	○
iFree NYダウ・インデックス	641億円	2016/9/8	0.2475%	○
iFree JPXプライム150	0億円	2024/1/31	0.2145%	×
iFreeNEXT NASDAQ100インデックス	923億円	2018/8/31	0.495%	○
iFreeNEXT NASDAQ次世代50	24億円	2021/1/13	0.495%	×
iFreeNEXT インド株インデックス	777億円	2023/3/13	0.473%	×
iFreeNEXT FANG+インデックス	746億円	2018/1/31	0.7755%	○
iFreePlus 米国配当王(年4回決算型)	10億円	2023/5/24	0.286%	×

ピックアップ商品

iFreeシリーズの中から、特に注目の商品をピックアップして紹介します。

「**iFree JPXプライム150**」はJPXプライム150指数に連動した投資信託です。「JPXプライム150指数」は、「稼ぐ力」によって、日本を代表する企業や日本経済と共に成長する銘柄で構成された時価総額加重型の株価指数です。JPXプライム150指数に連動する投資信託はiFree JPXプライム150が初めてです。

S&P500と同等のクオリティを有する企業群で構成されています。150銘柄ですが、時価総額は日本株式市場の約50%をカバーしています。東証プライム市場の時価総額上位500銘柄から「稼ぐ力」のある企業75社と「将来を期待」された企業75社が選ばれます。成長力の高い投資信託として今後が期待されます。

Tracersシリーズ

日興アセットマネジメントが発売するのがTracers（トレイサーズ）シリーズです。2023年4月に発売されたTracersオルカンは、その時点の信託報酬最安値を更新し、他のオルカン信託報酬競争を激化させました。

ただし、指数使用料がTracersの信託報酬には入っておらず、最終的なトータルコストを確認する必要があります。

6-1-11　Tracersシリーズ
（https://www.nikkoam.com/sp/tracers）

6-1-12　Tracersシリーズ

ファンド名	純資産額	設定日	信託報酬	つみたて投資枠
Tracers S&P500配当貴族インデックス（米国株式）	91億円	2022/10/28	0.1155%	×
Tracers MSCIオール・カントリー・インデックス（全世界株式）	25億円	2023/4/26	0.05775%	○
Tracers グローバル3分法（おとなのバランス）	3億円	2023/2/10	0.1089%	○
Tracers 日経平均高配当株50インデックス（奇数月分配型）	0億円	2024/1/31	0.10725%	×

ピックアップ商品

Tracersシリーズの中から、特に注目の商品をピックアップして紹介します。

2024年1月に発売された「**Tracers 日経平均高配当株50インデックス（奇数月分配型）**」はNISAで分配金を得ることができるように設計された投

資信託です。人気の「NF・日経高配当50 ETF（1489）」の信託報酬0.308%を下回る低コストで提供を始めました。

NFの純資産総額は1,700億円ですので、Tracersも人気が出ること間違いなしです。NFが4ヶ月に1回の分配金ですが、Tracersは2ヶ月に1回の分配金です。さらに投資信託なので、ETFよりも少額で購入できることを考えると、より資金が集まる可能性もあります。

〈購入・換金手数料なし〉ニッセイシリーズ

ニッセイアセットマネジメントが発売している「〈購入・換金手数料なし〉ニッセイシリーズ」は2013年6月28日の設定以来、徹底的に「低コスト」であることにこだわり続けている商品です。徹底した低コストと幅広いラインナップで有名です。

6-1-13 〈購入・換金手数料なし〉ニッセイシリーズ
（https://www.nam.co.jp/fundinfo/special/indexfund/index.html）

6-1-14 〈購入・換金手数料なし〉ニッセイシリーズ

ファンド名	純資産額	設定日	信託報酬	つみたて投資枠
〈購入・換金手数料なし〉ニッセイ外国株式インデックスファンド	6,243億円	2013/12/10	0.09889%	○
〈購入・換金手数料なし〉ニッセイTOPIXインデックスファンド	715億円	2015/4/27	0.143%	○
〈購入・換金手数料なし〉ニッセイNASDAQ100インデックスファンド	711億円	2023/3/31	0.2035%	×
〈購入・換金手数料なし〉ニッセイ日経平均インデックスファンド	702億円	2016/11/21	0.143%	○
〈購入・換金手数料なし〉ニッセイ・インデックスバランスファンド（4資産均等型）	417億円	2015/8/27	0.154%	○
〈購入・換金手数料なし〉ニッセイSOX指数インデックスファンド（米国半導体株）	95億円	2023/3/31	0.1815%	×
〈購入・換金手数料なし〉ニッセイJPX日経400インデックスファンド	89億円	2015/1/29	0.2145%	○
〈購入・換金手数料なし〉ニッセイ新興国株式インデックスファンド	37億円	2017/10/13	0.1859%	○
〈購入・換金手数料なし〉ニッセイ世界株式ファンド（GDP型バスケット）	19億円	2020/6/29	0.1144%	○
〈購入・換金手数料なし〉ニッセイ・S米国株式500インデックスファンド	13億円	2023/11/13	0.05775%	×
〈購入・換金手数料なし〉ニッセイ・S米国連続増配株式インデックスファンド	2億円	2023/12/18	0.11%	×

ピックアップ商品

〈購入・換金手数料なし〉ニッセイシリーズの中から、特に注目の商品をピックアップして紹介します。

「**ニッセイNASDAQ100インデックスファンド**」はナスダック100に連動する投資信託で信託報酬が低コストです。成長投資枠でしか買えませんが、ナスダック100に投資したい場合は、こちらの商品がおすすめです。

「**ニッセイ・S米国株式500インデックスファンド**」はS&P500に連動しているファンドに対抗した新しい米国株式ファンドで「Solactive GBS United States 500 インデックス」に連動しています。S&P500と同じような値動きをしており、信託報酬は他のS&P500投資信託よりも安いので、純資産総額が増えてきたら購入を考えたい商品です。

はじめてのNISAシリーズ

はじめてのNISAシリーズは、野村アセットマネジメントが2024年からの新NISAに向けて発売を開始した投資信託です。

信託報酬は最低水準ですが、後発なのでまだ純資産額が他の投資信託よりも集まってないのが現状です。1年ほど様子をみて、隠れコスト含めて信託報酬を確認し、100億円程度の純資産額になれば購入を検討していいでしょう。主要ネット証券で購入できます。

6-1-15　はじめてのNISAシリーズ
（https://www.nomura-am.co.jp/special/hajimete_nisa/）

6-1-16 はじめてのNISAシリーズ

ファンド名	純資産額	設定日	信託報酬	つみたて投資枠
はじめてのNISA・全世界株式インデックス（オール・カントリー）	31億円	2023/7/10	0.05775%	○
はじめてのNISA・米国株式インデックス（S&P500）	20億円	2023/7/10	0.09372%	○
はじめてのNISA・日本株式インデックス（日経225）	5億円	2023/7/10	0.143%	○
はじめてのNISA・日本株式インデックス（TOPIX）	1億円	2023/7/10	0.143%	○
はじめてのNISA・新興国株式インデックス	1億円	2023/7/10	0.1859%	○

ピックアップ商品

はじめてのNISAシリーズの中から、特に注目の商品をピックアップして紹介します。

「**はじめてのNISA・全世界株式インデックス（オール・カントリー）**」は発売開始から半年で純資産額が30億円を突破し、信託報酬は全世界株式ファンドの中では2番目に安い0.05775%に設定されています。主要ネット証券すべてで購入できるのも強みです。

各社の人気ETF

ここからは各社の人気ETF（上場投資信託）を紹介します。ETFは成長投資枠のみで購入できます。

Global X ETFシリーズ

Global X ETFシリーズはGlobal X社が発売するETFシリーズです。2008年創業のGlobal X社はETF専門企業で、運用資産残高が飛躍的に拡大しています。

「値上がり益を狙う」「分配金をもらう」「値上がりも分配金ももらう」3タイプのETFをNISA用に用意しています。

6-2-1　Global XのNISA用ページ
（https://globalxetfs.co.jp/special/lp_nisa/）

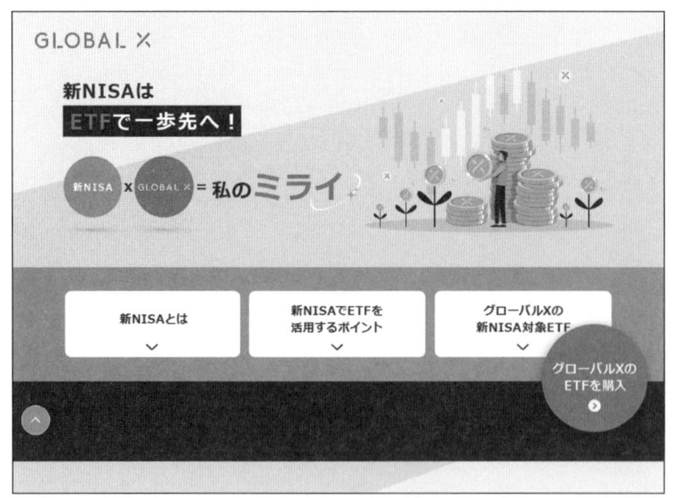

6-2-2 Global X ETF シリーズ

コード	ファンド名	純資産額	設定日	信託報酬
2564	グローバルX MSCI スーパーディビィデンド-日本株式ETF	700億円	2020/8/26	0.429%
2641	グローバルX グローバルリーダーズ-日本株式 ETF	330億円	2021/6/23	0.3025%
2644	グローバルX 半導体関連-日本株式 ETF	320億円	2021/9/28	0.649%
2565	グローバルX ロジスティクス・J-REIT ETF	260億円	2020/8/26	0.3025%
2855	グローバルX グリーン・J-REIT ETF	100億円	2022/6/24	0.209%
2849	グローバルX Morningstar 高配当 ESG-日本株式 ETF	100億円	2022/3/24	0.3025%
2243	グローバルX 半導体 ETF	66億円	2023/4/13	0.4125%
2244	グローバルX US テック・トップ20 ETF	44億円	2023/4/13	0.4125%
2236	グローバルX S&P500 配当貴族 ETF	37億円	2023/1/13	0.3025%
2854	グローバルX テック・トップ20-日本株式ETF	35億円	2022/6/24	0.3025%
2019	グローバルX 米国優先証券 ETF(隔月分配型)	0億円	2024/1/31	—
2018	グローバルX US REIT・トップ20 ETF	0億円	2024/1/31	—

ピックアップ商品

Global X ETFシリーズの中から、特に注目の商品をピックアップして紹介します。

「**2644 グローバルX 半導体関連-日本株式 ETF**」と「**2244 グローバルX US テック・トップ20 ETF**」は、値上がりを期待して買う商品として非常に面白いETFです。成長投資枠のポートフォリオの中に取り込んでみるのもいいでしょう。

両ETFともに2023年4月からと1年弱の短い期間ですが、次ページに主要インデックス(FANG+、ナスダック100、S&P500、全世界株式)投資信託と比較したグラフを掲載します。

6-2-3 投資信託・ETF 値動き比較（2023/04/13～2024/02/05）

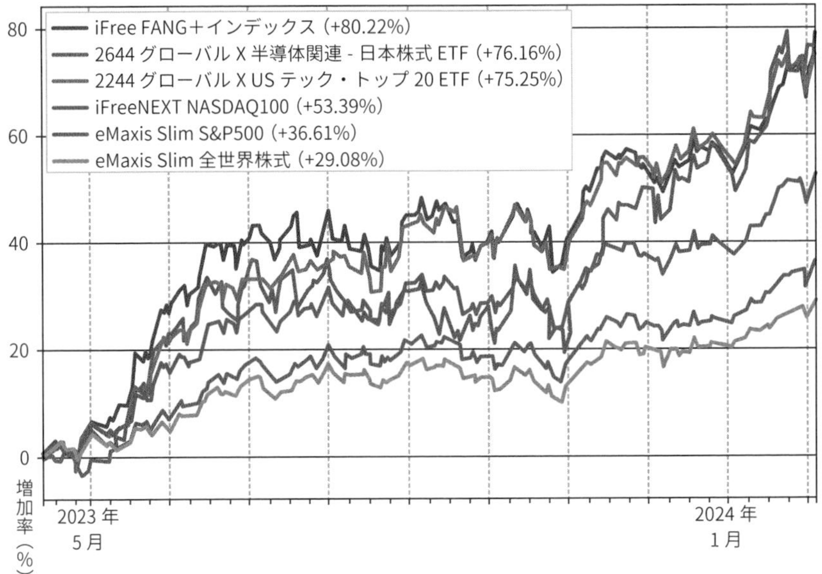

主要指数の投資信託と比較しても、この2つのETFは上回るパフォーマンスを示しています。パフォーマンスは切り取る範囲によって変わりますが、今後高いパフォーマンスを期待できるETFであることは間違いありません。

NEXT FUNDS

NEXT FUNDSは野村アセットマネジメントが運用するETFシリーズです。

NEXT FUNDSは、国内籍ETFの残高および売買代金でトップシェアを誇っています。野村アセットマネジメントが販売する投資信託は前に紹介した「はじめてのNISAシリーズ」があります。

6-2-4 NEXT FUNDS
(https://nextfunds.jp/)

6-2-5 NEXT FUNDS

コード	ファンド名	純資産額	設定日	信託報酬
1306	NEXT FUNDS TOPIX連動型上場投信	20兆6,000億円	2001/7/11	0.0622%
1321	NEXT FUNDS 日経225連動型上場投信	9兆3,000億円	2001/7/9	0.11715%
1591	NEXT FUNDS JPX日経インデックス400連動型上場投信	1兆5,000億円	2014/1/24	0.11%
1343	NEXT FUNDS 東証REIT指数連動型上場投信	4,850億円	2008/9/17	0.1705%
1489	NEXT FUNDS 日経平均高配当株50指数連動型上場投信	1,750億円	2017/2/10	0.308%
1615	NEXT FUNDS 東証銀行業株価指数連動型上場投信	1,270億円	2002/4/2	0.209%
1577	NEXT FUNDS 野村日本株高配当70連動型上場投信	990億円	2013/3/5	0.352%
1545	NEXT FUNDS NASDAQ-100(R)（為替ヘッジなし）連動型上場投信	510億円	2010/8/13	0.22%
1678	NEXT FUNDS インド株式指数・Nifty50連動型上場投信	440億円	2009/11/24	1.045%
2529	NEXT FUNDS 野村株主還元70連動型上場投信	260億円	2019/4/19	0.308%
2634	NEXT FUNDS S&P500指数（為替ヘッジあり）連動型上場投信	220億円	2021/3/31	0.077%
2633	NEXT FUNDS S&P500指数（為替ヘッジなし）連動型上場投信	66億円	2021/3/31	0.066%

ピックアップ商品

NEXT FUNDSシリーズの中から、特に注目の商品をピックアップして紹介します。

「**1489 NEXT FUNDS 日経平均高配当株50指数連動型上場投信**」は非常に人気がある日本高配当ETFです。新NISAで買いやすいように、12月に分割されました。

日本の高配当中で飛び切りのパフォーマンスを誇っています。次のグラフは、日本株の主要高配当投資信託・ETFと、TOPIXの配当を含むトータルリターンの比較チャートです。2020年8月を起点にした3年半のリターンです。

6-2-6 高配当ETF値動き比較（2020/08/24～2024/02/05）

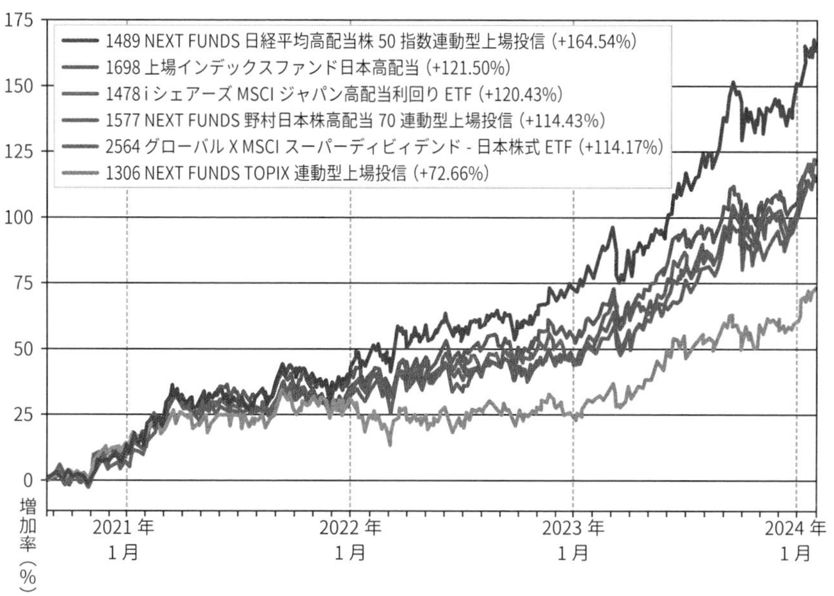

「1489 NEXT FUNDS 日経平均高配当株50指数連動型上場投信」がトータルリターンで大きくアウトパフォームしており、TOPIXより大きいリターンを出しています。

218ページで紹介したTracersが同じインデックスに連動する投資信託を発売しているので、そちらを購入してもいいでしょう。現状では日本株の高配当ETFを選択するのであれば、NEXT FUNDS 日経平均高配当株50指数連動型上場投信が第一候補になるでしょう。

iFree ETF

iFree ETFシリーズは、大和アセットマネジメントが発売しているETFシリーズです。以前は「ダイワ上場投信」という名前でしたが、投資信託で有名なiFreeに合わせて名前を変更しました。

様々なETFが購入でき、海外インデックスは為替ヘッジ有無で選べるのも特徴です。

6-2-7 iFree ETF（https://www.daiwa-am.co.jp/etf/index.html）

6-2-8 iFree ETF

コード	ファンド名	純資産額	設定日	信託報酬
1305	iFreeETF TOPIX（年1回決算型）	9兆4,000億円	2001/7/11	0.066%
2625	iFreeETF TOPIX（年4回決算型）	710億円	2020/11/10	0.066%
1320	iFreeETF 日経225（年1回決算型）	4兆3,000億円	2001/7/9	0.132%
2624	iFreeETF 日経225（年4回決算型）	350億円	2020/11/10	0.132%
1599	iFreeETF JPX日経400	4,070億円	2014/3/26	0.198%
1651	iFreeETF TOPIX高配当40指数	410億円	2017/9/25	0.209%
2528	iFreeETF 東証REIT Core指数	250億円	2019/2/8	0.22%
2841	iFreeETF NASDAQ100（為替ヘッジあり）	95億円	2022/2/2	0.22%
2840	iFreeETF NASDAQ100（為替ヘッジなし）	15億円	2022/2/2	0.22%
2248	iFreeETF S&P500（為替ヘッジあり）	82億円	2023/5/12	0.077%
2247	iFreeETF S&P500（為替ヘッジなし）	14億円	2023/5/12	0.077%
1488	iFreeETF 東証REIT指数	2,000億円	2016/10/25	0.1705%
2017	iFreeETF JPX プライム 150	100億円	2024/1/24	0.176%

ピックアップ商品

iFree ETFシリーズの中から、特に注目の商品をピックアップして紹介します。

iFree投資信託でもピックアップした「**2017 iFreeETF JPX プライム150**」が注目です。短期間で純資産総額100億円を突破し、投資信託の信託報酬0.2145%に比べて、ETFは0.176%とさらに安く設定されています。

iシェアーズETF

世界最大の資産運用会社であるブラックロック・グループが運用するETF（上場投資信託）ブランドが「iシェアーズ（iShares）ETF」です。

6-2-9　iシェアーズETF
（https://www.blackrock.com/jp/individual/ja/ishares）

6-2-10　iシェアーズETF

コード	ファンド名	純資産額	設定日	信託報酬
1475	iシェアーズ・コア TOPIX ETF	1兆6,000億円	2015/10/19	0.0495%
1329	iシェアーズ・コア 日経225 ETF	1兆2,000億円	2001/9/4	0.0495%
1364	iシェアーズ JPX日経400 ETF	3,490億円	2014/12/1	0.0495%
2621	iシェアーズ米国債20年超ETF（為替ヘッジあり）	1,280億円	2020/10/15	0.154%
1655	iシェアーズ S&P 500 米国株 ETF	670億円	2017/9/27	0.066%
1478	iシェアーズ MSCI ジャパン高配当利回り ETF	650億円	2015/10/19	0.209%
2563	iシェアーズS&P500米国株ETF（為替ヘッジあり）	610億円	2020/6/19	0.077%
1657	iシェアーズ・コア MSCI 先進国株（除く日本）ETF	180億円	2017/9/27	0.209%
2012	iシェアーズ 米国債0-3ヶ月 ETF	4億円	2024/1/18	0.154%
2013	iシェアーズ 米国高配当株 ETF	9億円	2024/1/18	0.121%
2014	iシェアーズ 米国連続増配株 ETF	18億円	2024/1/18	0.121%

ピックアップ商品

iシェアーズETFシリーズの中から、特に注目の商品をピックアップして紹介します。

次の商品が、新NISAに合わせて東証で売買できるように発売されたETFです。米国ETFティッカー（米国市場の銘柄コード）と合わせて確認してください。

- 2012 iシェアーズ 米国債0-3ヶ月 ETF（SGOV）
- 2013 iシェアーズ 米国高配当株 ETF（HDV）
- **2014 iシェアーズ 米国連続増配株 ETF**（DGRO）

特にDGROは日本では買えないため、待ちに待ったETFです。DGROは継続して連続増配を目指している米国株式で構成されるETFで、分配は年4回です。直近の分配金利回りは約2.6%です。増配ETFの中では分配金利回りが上位に位置します。銘柄数も400を超えて分散されています。

増配株ETFであるVIG、高配当株ETFであるVYMとHDV、S&P500インデックスETFであるVOOとDGRDをトータルリターンで比較してみました。期間は2019年2月から2024年2月の直近5年間です。

6-2-11 ETF値動き比較（2019/02/06～2024/02/05）

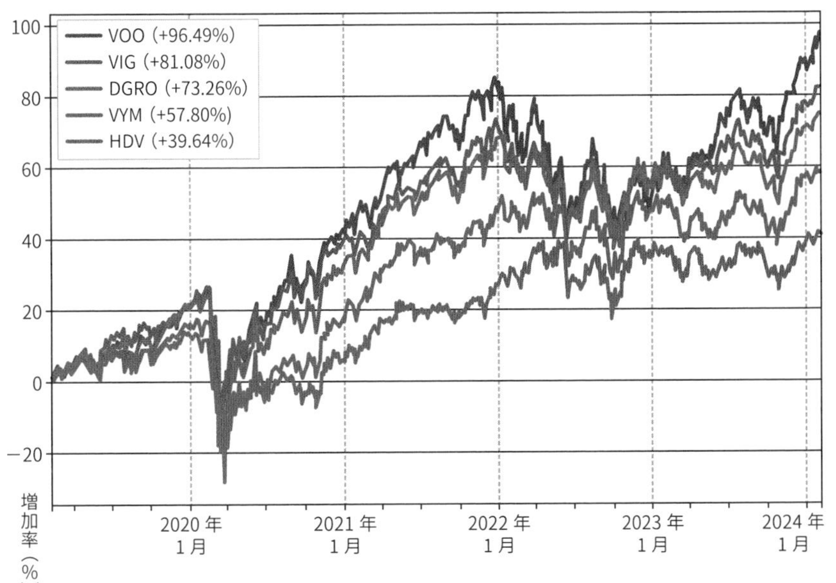

もっとも高いパフォーマンスを示しているのがVOO（S&P500）、次いで増配株ETFのVIGですが、DGROも高いパフォーマンスを示してます。

連続増配株なので、今後分配金が上がっていくことを考えると、このETFも非常に魅力的です。米国の高配当・増配ETFを東証で買うのであれば、この「**2014 iシェアーズ 米国連続増配株 ETF**」が一番良さそうです。

MAXIS ETFシリーズ

MAXIS（マクシス）は三菱UFJアセットマネジメントが運用するETFシリーズです。三菱UFJアセットマネジメントはeMAXIS Slimの投資信託が有名ですが、分配金を受け取りながら運用したい場合はこのシリーズが非常に便利です。

6-2-12　MAXIS ETFシリーズ
（https://maxis.mukam.jp/）

6-2-13 MAXIS ETFシリーズ

コード	ファンド名	純資産額	設定日	信託報酬
1348	MAXIS トピックス上場投信	3兆1,000億円	2009/5/14	0.066%
1346	MAXIS 日経225上場投信	2兆3,000億円	2009/2/24	0.132%
1593	MAXIS JPX日経インデックス400上場投信	7,480億円	2014/2/5	0.0858%
2559	MAXIS全世界株式（オール・カントリー）上場投信	360億円	2020/1/9	0.0858%
2558	MAXIS米国株式（S&P500）上場投信	470億円	2020/1/9	0.077%
2630	MAXIS米国株式（S&P500）上場投信（為替ヘッジあり）	340億円	2021/2/25	0.077%
2631	MAXISナスダック100上場投信	150億円	2021/2/25	0.22%
2632	MAXISナスダック100上場投信（為替ヘッジあり）	62億円	2021/2/25	0.22%
2241	MAXIS NYダウ上場投信	17億円	2023/3/10	0.22%
2242	MAXIS NYダウ上場投信（為替ヘッジあり）	24億円	2023/3/10	0.22%
2838	MAXIS米国国債7-10年上場投信（為替ヘッジなし）	67億円	2021/12/10	0.132%
2839	MAXIS米国国債7-10年上場投信（為替ヘッジあり）	70億円	2021/12/10	0.132%

ピックアップ商品

MAXIS ETFシリーズの中から、特に注目の商品をピックアップして紹介します。

「**2558 MAXIS米国株式（S&P500）上場投信**」は、東証で売買できるS&P500連動のETFです。ちなみにiシェアーズからも東証で売買できるS&P500連動のETFは販売されています。

投資信託でもeMAXIS Slim 米国株式（S&P500）があるので、トータルリターンをMAXIS米国株式（S&P500）上場投信が設定された2020年1月から約4年間のデータで比較してみます。

6-2-14 投資信託・ETF値動き比較（2020/01/07～2024/02/05）

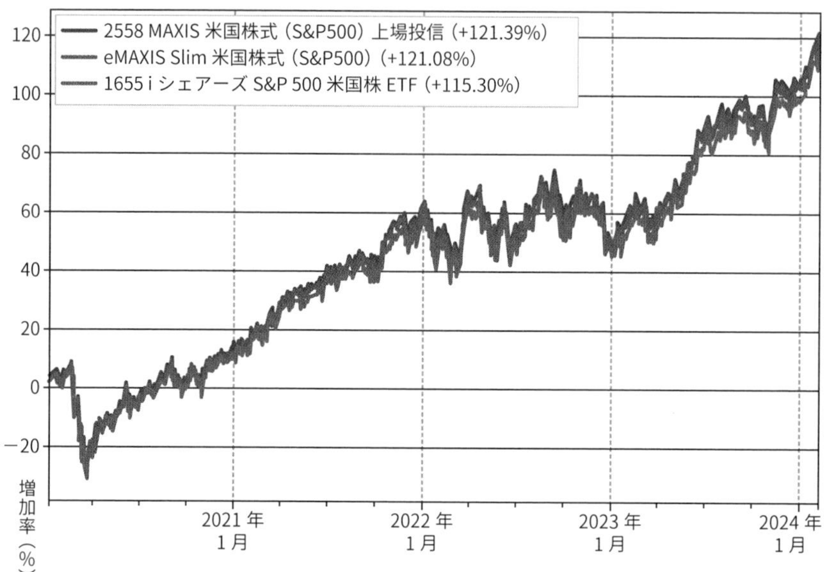

わずかではありますが、MAXIS米国株式（S&P500）上場投信が高いリターンを出しています。

なお注意が必要なのは、MAXIS米国株式（S&P500）上場投信は分配金を出しているため、再投資せずに受け取るとリターンが下がります。直近の分配利回りは約1.2%ですので、分配金を受け取りたいのであれば非常に良い商品でしょう。

NISAでお勧めの厳選投資信託・ETF14選

個別株投資にも興味がありますが、まずは投資信託とETFで始めたいと思います。想定リターンなど含めてどこに投資した方が良いでしょうか。

いままで紹介した中の投資信託やETFを使って、それぞれのリスクに合わせてポートフォリオを組んでみましょう。

さまざまな投資商品を見てきましたが、分散が効いた投資信託・ETFでポートフォリオを組むのが安全かつリターンが見込める投資法と言えます。特にNISAでは損を出さずに長期投資するのが基本なので、リスクを取る場合にも投資信託・ETFが向いています。

ここでは、まずカテゴリ別にお勧め投資信託・ETFを選出します。さらに次の節で、各世代ごとに適したポートフォリオを組んでいきます。

インデックス投資（4点）

インデックス投資でおすすめ投資信託・ETFは次の2点です。オルカンの想定利回りは**5%**、S&P500の想定利回りは**7%**で計算します。

- eMAXIS Slim 全世界株式（オール・カントリー）
- eMAXIS Slim 米国株式（S&P500）

成長投資枠で多少の分配金を受け取りながらインデックス投資をしたい場合は次の2点もいいでしょう。**想定分配利回り**はオルカンで**1.5%**、S&P500で**1.2%**になります。

- 2559 MAXIS全世界株式（オール・カントリー）上場投信
- 2558 MAXIS米国株式（S&P500）上場投信

成長投資（6点）

成長投資でお勧めの投資信託・ETFを紹介します。

つみたて投資枠で成長投資を狙う場合は次の2点です。想定利回りはナスダックで**10%**、FANG+は**15%**以上を狙います。

- iFreeNEXT NASDAQ100インデックス
- iFreeNEXT FANG+インデックス

成長投資枠で購入する場合はさらに選択肢が広がります。

「グローバルX 半導体関連-日本株式 ETF」と「グローバルX US テック・トップ20 ETF」はFANG+と同等もしくはそれ以上のリターンを狙えます。

JPXプライム150は新しいインデックスであるため未知数ですが、日本の成長企業に投資したい場合は面白い選択肢です。S&P500程度の7%のリターンを想定します。

海外以外、日本への投資へ分散させたい場合は次の5点が良いでしょう。

- ニッセイNASDAQ100インデックスファンド
- iFreeNEXT FANG+インデックス（つみたて投資枠でも購入可）
- iFree JPXプライム150
- 2644 グローバルX 半導体関連-日本株式ETF
- 2244 グローバルX USテック・トップ20 ETF

高配当投資（4点）

高配当株投資でおすすめ投資信託・ETFを紹介します。

米国株の高配当株投資と言えば定番はVYMですが、米国ETFとして買えないDGROが日本ETFで買えるようになりました。NISAで購入すると10%の源泉徴収を受けますが、それでも十分な分配金やリターンが見込めるのであれば購入も検討しましょう。

DGROの想定分配金利回りが**2.6%**、VYMは**3.1%**です。また、ドル資産を増やしたい場合も、これらをを持っておくといいでしょう。

- 2014 iシェアーズ 米国連続増配株ETF（DGRO）
- SBI・V・米国高配当株式インデックス・ファンド（年4回決算型）（VYM）

日本高配当ETFとしては、次の2点を買っておけば十分だと思います。高配当株50で想定分配金利回りが**3.7%**、SBI高配当は新しい投信であるため実績はありませんが目標を**4.5%**にしています。

- Tracers 日経平均高配当株50インデックス（奇数月分配型）
- SBI日本高配当株式（分配）ファンド（年4回決算型）

04

投資信託・ETFで組む 世代別お勧めポートフォリオ

前節でピックアップしたお勧め投資信託・ETFを組み合わせて、世代別のお勧めポートフォリオを作りましょう。

つみたて投資枠での運用シミュレーション

新NISAは、つみたて投資枠で年間120万円（月10万円）まで投資できます。また、非課税保有限度枠1,800万円すべてをつみたて投資枠として使うことも可能です。

つみたて投資枠で購入できる商品は限られており、高配当投資はできません。インデックス投資と一部のアクティブ投資のみです。しかし、つみたて投資枠で成長を狙った投資も可能です。

安定運用

安定運用を目指す場合は、定番のインデックスを選びます。全世界株式とS&P500連動の投資信託を選びましょう。

- eMAXIS Slim 全世界株式（オール・カントリー）100%、想定利回り 5%
  - 毎月2万円、25年で600万円➡1,176万円、30年1,501万円
  - 毎月5万円、10年で600万円➡775万円、30年2,056万円
  - 毎月10万円、5年で600万円➡681万円、30年2,306万円
- eMAXIS Slim 米国株式（S&P500）100%、想定利回り 7%
  - 毎月2万円、25年で600万円➡1,575万円、30年2,209万円
  - 毎月5万円、10年で600万円➡860万円、30年3,328万円
  - 毎月10万円、5年で600万円➡716万円、30年3,886万円

積極運用

積極運用を目指す場合は、米国のハイテク株を中心にした投資信託を選びます。ナスダック100やFANG+と連動する投資信託です。

- iFreeNEXT NASDAQ100 インデックス　100%、想定利回り 10%
  - 毎月2万円、25年で600万円➡2,486万円、30年4,004万円
  - 毎月5万円、10年で600万円➡1,007万円、30年6,777万円
  - 毎月10万円、5年で600万円➡772万円、30年8,361万円
- iFreeNEXT FANG+ インデックス　100%、想定利回り 15%
  - 毎月2万円、25年で600万円➡5,513万円、30年1億1,089万円
  - 毎月5万円、10年で600万円➡1,315万円、30年2億1,523万円
  - 毎月10万円、5年で600万円➡873万円、30年2億8,752万円

安定運用では想定利回りが5～7%、積極運用では想定利回りが10～15%と、大きく変わるのがわかると思います。

これらを組み合わせて、自分の理想的なポートフォリオを組みましょ

う。安定運用50%、積極運用50%で組んでみるのも良いと思います。

成長投資枠を含めたおすすめポートフォリオ

新NISAの成長投資枠は、年間の上限が240万円（月20万円）です。NISA全部を成長投資枠にあてることはできず、1,200万円までとなっています。

成長投資枠では、先ほどつみたて投資枠で選んだポートフォリオをそのまま運用しても問題ありません。その際、ナスダックはさらに信託報酬の安い「ニッセイNASDAQ100インデックスファンド」を選びましょう。

成長投資枠でしか買えない商品もあります。年代別で、許容できるリスク別にポートフォリオを組んでみました。

20代	長期投資でほったらかし
投資方針	とにかくインデックスで長期運用を目指す。 リスク分散してインデックス投資。
つみたて投資枠	●eMAXIS Slim 米国株式（S&P500）もしくは全世界株式（オルカン）100%
成長投資枠	● eMAXIS Slim 米国株式（S&P500）もしくは全世界株式（オルカン）100%

30代	リスクを取った積極運用
投資方針	ハイテクに偏った積極的な運用で、キャピタルゲインを最大化する投資。
つみたて投資枠	●eMAXIS Slim 米国株式（S&P500）50% ●iFreeNEXT NASDAQ100インデックス 50%
成長投資枠	●iFreeNEXT FANG+インデックス 50% ●2244 グローバルX US テック・トップ20 ETF 50%

40代	インデックス投資＋多少の配当を受け取りたい
投資方針	インデックスで堅実な投資をしながら、分配金を受け取ることで日頃のちょっとした贅沢も。成長投資枠をS&P500のETFにすることで、キャピタルゲインに加えインカムゲインも受け取る。
つみたて投資枠	●eMAXIS Slim 米国株式（S&P500）100%
成長投資枠	●2558 MAXIS米国株式（S&P500）上場投信100%

50代	将来を見据えて分配金を受け取れるポートフォリオ
投資方針	定年も見えてくるので、NISAへの投資で将来のインカムゲインを作っておく。円ベースでの給料がなくなるため、ドル資産に偏らないために、日本株の高配当投資信託を選択する。将来の分配金を受け取る際の為替変動によるばらつきリスクを抑える。
つみたて投資枠	●eMAXIS Slim 米国株式（S&P500）50% ●iFreeNEXT NASDAQ100インデックス 50%
成長投資枠	●Tracers 日経平均高配当株50インデックス（奇数月分配型）50% ●SBI日本高配当株式（分配）ファンド（年4回決算型）50%

ここでは成長投資枠を日本株のみにしましたが、特定口座などで既に日本株を持っている場合は、高配当銘柄として「2014 iシェアーズ 米国連続増配株 ETF（DGRO）」を選ぶと、いっそう分散投資が実現できます。

許容できるリスクを年代を例に示しましたが、年齢に関係なく自分が取れるリスクを考慮しながら、ポートフォリオの組み合わせを選んでいきましょう。

NISAは長い付き合いになります。全力で5年で投資枠を埋めることを最優先するよりも、10年以上かけてポートフォリオの見直しや世の中の変化に合わせて調整してみるのも良いでしょう。

今後、新しい投資信託も発売されると思います。じっくり勉強しながらNISAに取り組んでいきましょう。

Column 米国株 vs 全世界株式

過去36年間のリターンを比べると、**全世界株式が7%でS&P500が10%**と、圧倒的にS&P500が高リターンを出しています。シャープレシオも変わらないことを考えると、S&P500が最適解に思えますが、果たしてそうでしょうか。

NISA口座で投資信託を買うときに重要なことは「**損をしないこと**」「**長期間持ち続けられること**」です。平均を取ると米国株は強いですが、いつの時代もそうだったわけではありません。

次の表は1970年から５年ごとの地域別株価指数のリターンです。

順位	1970年〜1974年	1975年〜1979年	1980年〜1984年	1985年〜1989年	1990年〜1994年	1995年〜1999年	2000年〜2004年	2005年〜2009年	2010年〜2014年	2015年〜2019年	2020年〜2023年
1位	日本 78.2%	日本 110.4%	日本 102.4%	日本 447.0%	新興国 129.4%	米国 235.3%	新興国 10.8%	新興国 82.5%	米国 85.2%	米国 56.6%	米国 48.0%
2位	先進国 -26.1%	先進国 61.5%	米国 51.4%	先進国 138.6%	米国 32.7%	先進国 177.8%	欧州 -9.5%	欧州 5.3%	先進国 49.4%	先進国 38.5%	先進国 36.6%
3位	米国 -29.3%	米国 47.7%	先進国 34.0%	米国 105.7%	先進国 28.0%	欧州 146.9%	先進国 -15.6%	全世界 5.2%	全世界 39.3%	全世界 35.5%	全世界 28.6%
4位					欧州 20.3%	全世界 119.6%	全世界 -16.7%	先進国 1.2%	日本 18.4%	日本 31.9%	欧州 9.8%
5位					全世界 11.5%	日本 6.7%	米国 -21.3%	米国 -6.7%	欧州 8.9%	新興国 16.6%	日本 7.6%
6位					日本 -19.3%	新興国 -0.6%	日本 -31.1%	日本 -10.5%	新興国 -3.4%	欧州 11.4%	新興国 -8.2%

2010年以降は米国株が非常に強いですが、過去、日本株優勢の時代もあることがわかります。長期運用を考えると米国一強の時代が変化する可能性もあります。

全世界株式は、1990年以降は常に平均点が取れています。全世界株式のメリットは、新興国を含めて経済成長の恩恵を受けられることや、世界に分散することでリスク低減がはかれることです。現在は米国株への投資が6割を占めていますが、他の国の経済が優勢になった場合は自動的にリバランスしてくれることもメリットです。

年齢が若い場合は全世界株式を購入して、ほったらかしでいいでしょう。多少リスクをとっても利益を求めるのであれば、S&P500を選びましょう。

アクティブ運用で役立つ知識

成長投資枠での投資は、売買タイミングを計ることで大きな利益を得られます。ここではアクティブ運用で役立つ投資の格言を元にしたアノマリー（変異性）と過去のデータを紹介します。

01

アノマリーを味方につけよう

成長投資枠で一部個別株なども買ってみたいのですが、買うタイミングや何月に買った方が良いかなど、アドバイスはありますか？

売買のタイミングをはかる投資は上級者向けです。しかもセオリー以外にアノマリーと呼ばれる経験則や仮説があります。

アノマリーとは

アノマリーとは、根拠や倫理では説明しにくい経験則や仮説のことです。過去のデータや傾向、季節性にもとづいて、アノマリー投資をしている投資家が一定数いるのは事実です。

どのようなアノマリーがあるか確認しましょう。

セルインメイ（Sell in May）

セルインメイは「株は5月に売れ」というアノマリーです。11月から4月までの6ヶ月を株式に投資し、5月から10月までを債券に切り替える投資戦略を取ることでパフォーマンスを高めることができます。

夏枯れ相場

一般に、7月から8月にかけての市場閑散期に出来高が縮小し、株価が軟調になりやすい傾向にあることを「**夏枯れ相場**」と呼びます。8月になると夏季休暇を取得し、取引参加者が減り、相場の動きが鈍るためです。

年末ラリー

年末にかけて株価が上昇します。クリスマス休暇を取る市場参加者が増えてくると、売り圧力が弱まり、株が上昇しやすいためです。

これを「**年末ラリー**」と呼びます。「サンタクロースラリー」「クリスマスラリー」と呼ばれることもあります。

S&P500のデータで見る

米国指数である「**S&P500**」の過去30年の各月の平均パフォーマンスを見てみましょう。

7-1-1　S&P500過去30年の月ごとの上昇率

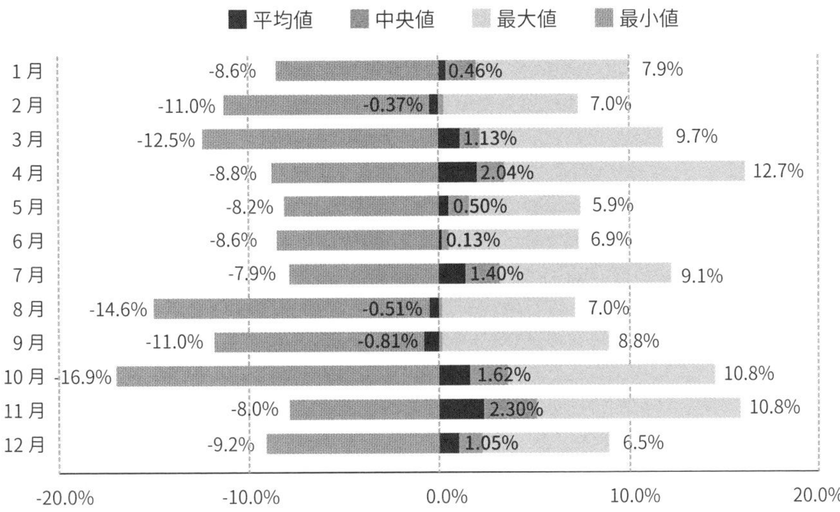

7-1-2 1993年から2023年まで30年間のS&P500の月の上昇率

	平均値	中央値	最大値	最小値	確率
1月	0.46%	1.57%	7.9%	-8.6%	57%
2月	-0.37%	0.32%	7.0%	-11.0%	53%
3月	1.13%	1.05%	9.7%	-12.5%	63%
4月	2.04%	1.40%	12.7%	-8.8%	80%
5月	0.50%	1.11%	5.9%	-8.2%	70%
6月	0.13%	0.35%	6.9%	-8.6%	63%
7月	1.40%	1.78%	9.1%	-7.9%	63%
8月	-0.51%	0.14%	7.0%	-14.6%	53%
9月	-0.81%	0.15%	8.8%	-11.0%	50%
10月	1.62%	2.06%	10.8%	-16.9%	63%
11月	2.30%	2.81%	10.8%	-8.0%	77%
12月	1.05%	1.25%	6.5%	-9.2%	73%

年末が上がりやすく、そのまま4月までパフォーマンスが高いことが確認できます。特に**4月は1年で最高の月**になりやすい傾向です。

次に、月の中でいつ買えば良いか、投資信託の積み立てに最適な日にちがあるかを確認してみます。

7-1-3 S&P500の日ごとの上昇率

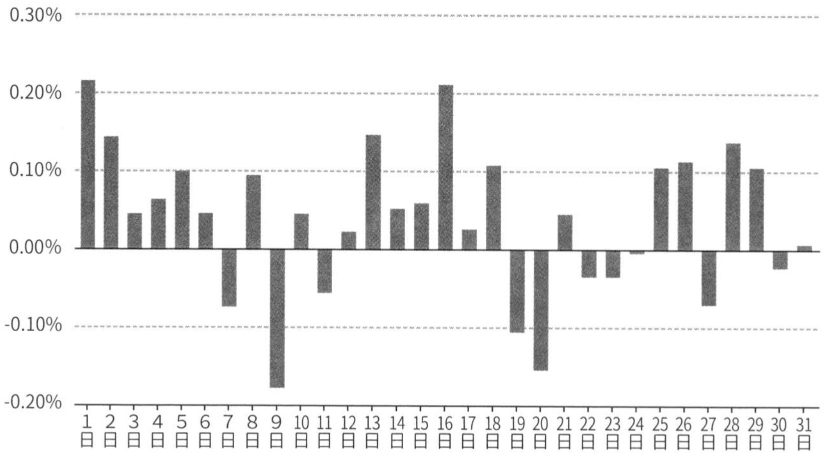

7-1-4 S&P500の月の各日の上昇率（1993年～2023年）

	平均値	勝率
1日	0.22%	65%
2日	0.15%	57%
3日	0.05%	54%
4日	0.07%	57%
5日	0.10%	54%
6日	0.05%	53%
7日	-0.07%	48%
8日	0.10%	54%
9日	-0.18%	49%
10日	0.05%	57%
11日	-0.06%	54%
12日	0.03%	56%
13日	0.15%	56%
14日	0.05%	56%
15日	0.06%	56%
16日	0.21%	63%

	平均値	勝率
17日	0.03%	55%
18日	0.11%	57%
19日	-0.10%	48%
20日	-0.15%	49%
21日	0.04%	50%
22日	-0.03%	54%
23日	-0.03%	49%
24日	-0.00%	52%
25日	0.11%	55%
26日	0.12%	55%
27日	-0.07%	53%
28日	0.14%	54%
29日	0.11%	54%
30日	-0.02%	47%
31日	0.01%	49%

月初に上がりやすい傾向があります。1日に積立を設定している場合、高掴みをしますが、その後も上がることを考えると、押し目を待たずに、**月のできるだけ早い日に買った**方が良さそうです。押し目で見ると7日から12日あたりが一旦下がりやすいようです。1日に買えなかった場合は、10日前後に買ってみるのも良いですね。

おわりに

最後に、自己紹介とNISAに対する筆者の考えを述べさせてください。

失敗からのスタート

筆者が投資を始めたのは、ライブドアショックがあった2006年の前の年からです。デイトレのような取引を行っており、暴落に巻き込まれてしまい数百万円を損切りしたことを覚えています。

さらに「和牛オーナー制度」が流行り、投資していましたが、会社が倒産。ほとんどの資金が返ってこず、投資の恐ろしさを目の当たりにしました。

米国株投資

その後、仕事の都合で海外に出向し、投資から離れていました。帰国後、持ち帰った資金を銀行の仕組預金で運用。解約時にドルだったため、円に換金せずそのまま全額米国株へ投資したのが2020年です。

最初は高配当株を少しずつ購入し始めました。すぐにコロナショックに遭遇し、そのころはリスクに対する許容度が低かったため、始めたばかりの「つみたてNISA」の積立をやめてしまったことを覚えています。

コロナショックから回復しながら米国高配当ETFへ投資を続けていましたが、ナスダックのコロナからの復活が凄まじいため、2020年秋ごろに高配当投資からグロース投資へスイッチしました。日本高配当株への投資のみ、売らずにそのまま放置しています。

当初、運用していたDC拠出年金は証券会社がお勧めするバランス型を選んでいました。しかし、リスクに対する耐久性ができたこともあり、2020年6月に全部外国株式（先進国株式）へ変更しました。結果、そこから約2倍と資産が拡大しました。

2021年は毎日投資をスタート。ナスダックやFANG＋の毎日1万円購入などを始めました。2023年末にはトータル運用額が1億円を突破。当初は定年までの15年で1億円を目指していたのですが、4年程度で達成することができました。

米国のハイテク株への投資で資産が増大

市場の上昇という運にも恵まれた結果ですが、大きく貢献したのは2023年からのAIブームにうまく乗れたことと、ポートフォリオの割合がハイテクに偏っていたことがあります。当初の通り、高配当ETF一辺倒のポートフォリオだったなら、ここまでのキャピタルゲインは得られなかったでしょう。

現在の筆者のポートフォリオは次の通りです。

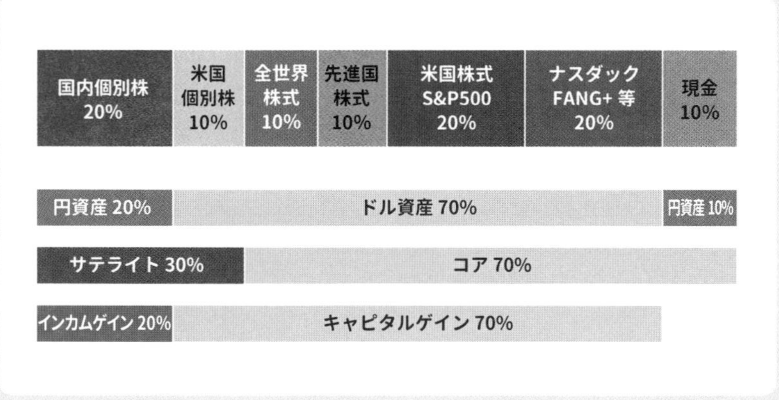

コア・サテライト戦略

現在、筆者は「コア・サテライト戦略」をとっています。コア・サテライト戦略とは、インデックス投資でコアを作りつつ、サテライトとして個別株投資やリスクの高いアクティブ投資をすることで、バランスの良いポートフォリオを作ることです。コア：サテライトが７：３が筆者には心地よい割合です。

国内個別株は、株式投資の最初に買った高配当銘柄と、2022年から買い始めた半導体銘柄です。米国個別株は、2020年からグロース株の波に乗って中小型株を買っていたのですが、最終的に自分が心地よいポートフォリオが大型株になってしまいました。2020年から保有しているアップル（AAPL）、エヌビディア（NVDA）、さらには2022年からはマイクロソフト（MSFT）、アマゾン（AMZN）を加え、売らない長期投資を行っています。

現金の比率は状況によって短期投資資金として運用していますが、常に約10%程度に保っています。

キャピタルゲイン投資からインカムゲイン投資へ

このように、投資に成功してきたかのように見えますが、2022年のグロース株の大きな下落ではかなり損切りを強いられました。いろいろ投資を試してみて、失敗も含めて体験してみるのが筆者のスタイルです。

ここまでは、キャピタルゲインを最大化させることに集中していました。その結果、ある程度資産を大きくすることに成功したので、今後はインカムゲインを増やしていけるようにNISAを活用しようと考えています。

NISA投資の最善手

筆者のNISAに対する考えと投資手法を述べてみます。

NISAは投資した運用益、配当金に関して約20%の税金がかからないことが非常に大きなメリットです。一方で、運用損が出た場合は、損益通算ができないため損でしかありません。

これを考えると、NISAでは「大きなリスクを取らずに、売らなくていい長期投資ができる商品を買うこと」が最善手になります。

資産形成初期の人であれば、間違いなく「インデックス投資」が最適解でしょう。生涯投資枠の1,800万円をすべて埋められる人は少ないはずです。急いで生涯投資枠をすべて埋めようとするのではなく、自分のペースで無理なく毎月積立投資をしましょう。

積立投資を続けていくうちに、インデックス投資の含み益が増えてきたら、リスク許容度が高くなってきます。そうなれば、個別株や高配当投資に挑戦するのもいいでしょう。

定年退職後の通貨分散を考えた日本株高配当投資

筆者の場合は、目標を10年後に設定し、日本円でのインカムゲインを増大させるため、日本株高配当投資を増やしていく予定です。現在は国内で会社員として働いているので、日本円で給料をもらってます。日本円も現金への投資と考えると、円への投資が毎月高くなっていく状態といえます。そのため、ポートフォリオは米国株を多めに持って通貨分散をしています。

しかし、10年後には定年退職して日本円での収入が低くなることが予想されます。NISA枠で日本株高配当投資をすることで、10年後の日本円インカムゲインを増やし、将来のポートフォリオ通貨バランスを取る作戦です。

インデックス投資を続けながら、資産の切り崩しを出口作戦に使うことも可能で、この本でもシミュレーションを行いました。筆者の場合は資産の切り崩しがストレスに感じるかもしれないと考え、配当で受け取る方法を選択しています。

入金力を高める

NISA枠を埋めていくのは非常に大事です。その上で大事なことは「入金力を高めること」です。本書では、入金力を高める一貫として、支出の見直しについて解説しました。収入が変わらなければ、支出を減らすことで投資に回す資金を捻出できます。多くの投資の本でも、保険を始めさまざまな支出の見直しをすることで、入金力を高める工夫を解説しています。

お金を使うことも大事

それとは別の考え方で、入金力を高めるのに「自己投資」することも検討してください。自分のスキルを上げるためにお金を使い、転職や副業などを利用して入金力を高めることも考えましょう。

お金は使って初めて価値を発揮します。貯めるだけではなく、使うことも考えていきましょう。一見無駄に見えるかもしれない使い方にも、将来意味が生まれるかもしれません。旅行で使ったり、多少の贅沢もたまには行って、ストレスのない投資生活を送ってください。

NISAは無期限になりましたが、人生には期限があります。お金を増やすことだけではなく、使うことも考えるようにしましょう。

投資に正解と終わりはない

投資に正解はありませんし、時代の変化に対応していく必要もあり、終わりもありません。

これまでの投資遍歴と、現在の資産運用についての考え方を説明してきましたが、来年になったらまた別の考えが思い浮かぶかもしれません。そして、それが逆に楽しみでもあります。柔軟に対応しながら、長い投資人生を楽しみたいと思います。

皆様がこの本を手にしていただいたことで、投資を始めるきっかけになれれば幸いです。

2022年に「税金ゼロの運用 まるわかり！ NISAのすべてがわかる本」を執筆する機会をいただきました。その後すぐにNISAの改訂があり、それが非常に心残りでした。

今回、この本を書く機会を与えていただいたソーテック社に感謝申し上げます。

2024年2月

NISA芸人　トミィ

図解でよくわかる！

新NISAがすべてわかる本

2024年3月31日　初版第1刷発行

著　者　トミィ
装　丁　宮下裕一
発行人　柳澤淳一
編集人　久保田賢二
発行所　株式会社　ソーテック社
〒102-0072 東京都千代田区飯田橋 4-9-5　スギタビル 4F
電話：注文専用　03-3262-5320
FAX：　03-3262-5326
印刷所　図書印刷株式会社

ISBN978-4-8007-2126-6